주름도 웃는다

임진옥 수필집

주름도 웃는다

초판 1쇄 발행 2024년 10월 20일

지은이 임진옥
펴낸이 이상규
편　집 이원영 김윤정
펴낸곳 에세이문학출판부

출판등록 2006년 9월 4일 제2006-000121호
주소 03134 서울시 종로구 돈화문로 10길 9, 405호(봉익동, 온녕빌딩)
전화 02-747-3508·3509　팩스 02-3675-4528
이메일 essaypark@hanmail.net

ⓒ 2024 임진옥
값 16,000원
ISBN 979-11-90629-40-9　03810

*본 사업은 2024년 부산광역시, 부산문화재단
　<부산문화예술지원사업>으로 지원을 받았습니다.
*저자와의 합의하에 인지는 생략합니다.
*잘못된 책은 바꿔드립니다.

임진옥 수필집

주름도 웃는다

에세이문학 출판부

책을 펴내며

 틈틈이 책을 읽고, 수필을 쓰지 않았다면 아마도 맹물같이 밍밍하게 살았을지도 모른다. 글을 쓰다 보니 스쳐 지나가는 세상의 풍경뿐만 아니라 엉겁결에 놓쳤던 내 스스로의 삶을 들여다 볼 수 있었다.
 속속들이 말로써 다 쏟아내지 못한 소소한 일상을 풀어내다보니 두 번째 수필집을 엮는다. 1집이 나오고, 십여 년의 세월이 흘렀다. 게으른 농사꾼의 곳간처럼 수확이 풍성하지 않다.

　이냥저냥 재미없는 속내를 드러낸 것 같아 망설였다. 그러나 작품 한 편, 한 편이 쌓일 때마다 느꼈던 그 뿌듯함을 생각하며 용기를 내었다. 수필은 힘든 시절의 활력소가 되었고 열심히 살아온 나의 흔적이다.
　글을 쓰는 일은 여전히 어렵다.

2024년 가을
임진옥

차 례

작가의 말 • 4

1. 풀을 먹이다

몸살만 남았다 • 13
말·말·말 • 18
양말 파는 남자 • 24
늙은 장자 • 29
주름도 웃는다 • 35
마른 꽃 • 40
풀을 먹이다 • 46
찰랑찰랑 • 51
완두콩을 까다 • 55
녹차의 시간 • 61

2. 매화역

자갈치 스케치 • 69
서 있는 여자들 • 75
꽃무늬 바지 • 80
공중전화 부스 • 85
매화역 • 90
울기 좋은 곳 • 94
까치와 왜가리 • 99
분실물 • 105
말랑말랑해지다 • 111
그때, 그 바람 • 116

3. 책 읽는 남자

풍란 • 125
책 읽는 남자 • 131
낯선 손님 • 136
신풍속화 • 141
긴 하루 • 146
마리 로랑생 화집 • 152
다슬기탕 • 157
참외 • 162
사흘 • 167
쓸데없는 걱정 • 173

4. 혼자서도 잘 논다

동지매 • 183
빗소리에 홀리다 • 189
별일 없습니까? •194
진통제 • 199
산속 음악회 • 204
흔적을 찾아서 • 207
태종대 파도 소리 • 212
무지개 • 217
사라진 플라타너스 • 221
혼자서도 잘 논다 • 226

1.
풀을 먹이다

몸살만 남았다 •
말·말·말 •
양말 파는 남자 •
늙은 장자 •
주름도 웃는다 •
마른 꽃 •
풀을 먹이다 •
찰랑찰랑 •
완두콩을 까다 •
녹차의 시간 •

몸살만 남았다

∙∙∙

　책을 본다고 크게 지식을 얻는다거나 깨가 쏟아지게 재미나는 것은 아니다. 그런데 책이 없으면 눈도 손도 마음도 허전하다. 혼자 잘 노는 것에 익숙해진 나는, 책 속에 등장하는 인물들과 스스럼없는 친구가 된다.
　언제부턴가 눈이 침침해지더니 통증까지 생겼다. 신체 어느 부위라도 아프면 불편하지만, 특히 눈은 온 신경을 곤두서게 한다. 의사는 눈을 쉬게 하라고 주의를 주었다. 한동안 책을 놓아야 했다.
　파스칼 메르시어의 《리스본행 야간열차》를 빼어 든다.

예전에 읽은 것 같은데 내용이 가물가물한 것은 '야간열차'라는 단어의 매력에 빠져서 여행의 진미를 느끼지 못했기 때문이다. 여전히 '야간열차'라는 낱말은 나를 설레게 한다. 이번엔 낯선 세계로 무작정 떠나는 주인공의 여정에 깊숙이 동행하고 싶다.

그러나 도무지 글자가 눈에 들어오지 않는다. 한동안 소원했던 친구 집 앞에서 들어갈까 말까 망설일 때처럼 눈언저리 어디쯤에서 글씨가 맴돈다. 넘겼던 책장을 다시 뒤적이고, 읽었던 부분을 반복해서 또 읽는다. 늘 읽을 때는 몰랐는데 오랜 시간 쉬다가 읽으려니 쉽게 몰입이 되지 않는다.

찍찍, 직박구리 노래가 들린다. 새소리에 끌려 창밖을 내다본다. 새는 보이지 않고 연초록 나뭇잎에 눈이 부시다. 나무는 겨우내 수액을 갈무리했다가 봄이 오면 새순을 내밀고 꽃봉오리를 터뜨린다. 축제를 벌이는 것 같다. 가슴에 파릇한 풀물이 번진다.

나의 봄날은 언제였을까. 첫 직장, 결혼, 아이를 출산할 때였을까. 자식들이 원하는 대학에 들어가고 학위를 받고 사회생활을 시작했을 무렵이었을까. 돌아보면 한 번쯤은 오색 깃발을 펄럭이며 축제를 열어도 되었지 싶은데 너무 밋밋하게 살았다. 그리고 보면 시간에 구애받지 않고 내 시간을 맘껏 쓸 수 있는 지금이 내 삶의 봄날이다.

돋보기를 고쳐 쓰고 다시 문장을 더듬는다. 겨우 책장을 서너 장 넘긴다. 눈은 글자보다 바깥 풍경을 따라가고 TV가 전하는 세상 소식을 궁금해한다. 주인공 그레고리우스가 리스본역에서 여행 가방을 챙겨 들고 플랫폼으로 나오는 것까지 읽다가 책을 덮고 만다.

다음 날 아침, 마라톤 선수가 준비운동을 하듯이 거실을 서너 바퀴 걷는다. 봉오리 맺은 붓꽃 화분에 물도 주고, 하늘에 눈을 한번 쓱 닦는다. 진한 커피 향을 날리며 편한 자세로 책상에 앉는다. 어제 읽다 모서리를 접어 둔 책을 펼친다. 그새 좀 익숙해졌는지 책장이 술술 넘어가기 시작한다. 철로에 올라선 기차처럼 책 속에 빠져든다. 달리던 기차가 간이역에서 잠깐 쉬어가듯이 나도 틈틈이 차를 마시고 빨강, 파랑 색연필로 밑줄도 긋는다.

"내가 원해서 탄 기차가 아니었다. 선택의 여지가 없었고, 아직 목적지도 모른다."라는 글귀가 눈에 들어온다. 문득 내가 탄 기차는 어디쯤 가고 있는지 궁금하다. 가만히 눈을 감으니 낯선 역에 혼자 서서 방향을 가늠하던 앳된 내 모습이 떠오른다. 선로를 이탈해 이전과는 다른 삶을 살아보려 방황하던 날들이 엊그제인 양 아련하다. 이제 주체할 수 없던 격정도 슬픔도 쇠락해 가는 것을 보면 기착지에서 제법 멀리까지 왔나 보다.

이따금 이대로 계속 가도 되나 싶어 창문을 열고 내다볼 때가 있지만 그냥 그렇게 종착역을 향해 달려간다. 인생이라는 기차가 지겹게 더디 간다 싶을 때도 있었는데 요즘은 간이역을 통과해 초고속으로 질주한다. 어디쯤에서 내릴지는 아무도 모른다. 어느 역이든 내려야 할 때라면 곱게 순응할 참이다.

오후가 되니 글자가 뿌옇게 보인다. 그렇지만 익숙한 현재의 삶에서 일탈해 전혀 다른 세계로 들어가는 여행을 따라가다 보니 멈출 수가 없다. 안약을 넣고 허리를 폈다 구부리길 여러 번 반복하면서 늦은 밤이 되어서야 야간열차에서 내린다.

밤을 새워 책을 읽어도 아침이면 거뜬했는데 이제는 온몸이 아프다. 눈에 이물감이 느껴지면서 뻑뻑하고, 목덜미가 뻐근하더니 어깨, 허리까지 욱신거린다. 급기야 감기까지 거들어서 손가락 하나 까딱하기도 힘이 든다. 겨우 책 한 권 읽었을 뿐인데…. 누워 있는 나 스스로가 민망하다.

눈부시게 이 아름다운 봄날에 동승한 야간열차는 떠나고 지독한 몸살만 남았다.

말·말·말

• • •

1. 장터

구포 장날이다. 발 디딜 틈 없이 사람들로 붐빈다. 잔칫집 같다. 움직일 때마다 어깨가 서로 부딪히는 걸 피해 변두리로 간다. 노인들이 옹기종기 앉아 푸성귀를 펼쳐놓고 있다. 더러는 지나가는 사람들의 표정을 살피며 채소를 들어 보이기도 한다.

"할머니, 이거 **밭**에서 키운 것 맞지요?"

키가 훤칠하고 싹싹해 보이는 젊은 여자가 애교 섞인 목소리로 묻는다. 노인은 '오늘 아침 일찍 잘라온 것'이니 걱정하지 말고 가져가라며 부추를 한 줌 더 덤으로 준다. 돈을 받아 주머니에 넣는 노인의 입꼬리가 살짝 올라간다. 부추를 담은 비닐봉지를 흔들며 여자가 저만치 멀어지자, 옆자리에 앉아 상추를 파는 노인이 '흥' 콧방귀를 뀌며 퉁명스럽게 말한다.

"부추가 밭에서 나지 하늘에서 나오는가."

"젊은 사람 말은 비닐하우스에서 키운 게 아닌가 하고 묻는 것이제."

별소리를 다 듣겠다며 노인이 입을 샐쭉거린다.

이래저래 장터 온도가 2도쯤 높아진다.

2. 주차장

친구가 구청에 볼일 보러 갔다가 사고를 냈다. 주차 공간이 좁다 싶었는데 노련한 운전 솜씨를 믿고 차를 밀어 넣었다. 아뿔싸! 옆에 주차된 BMW 한 귀퉁이를 긁고 말았다. 차를 빼서 반대편에 세워놓고 긁힌 차 앞으로 갔다. 그새 주인이 와서 자동차 앞과 옆, 뒤를 살피고 있었다. 딸뻘로 보이는 젊은 여자였다.

"미안합니다. 조심했어야 했는데 일이 이렇게 되었네요. 최대한 불편 없이 해드리겠습니다."

BMW 주인은 차 앞에 팔짱을 끼고 서서 친구의 매무새를 쓱 훑어보았다. 친구는 파마기 없는 희끗희끗한 커트 머리에 화장기 없는 얼굴이었다. 헐렁한 고무줄 바지에 면 셔츠를 입고 있었다.

"아주머니, 이 차, '**외·제·차**'인 거 아시죠?"

어린아이에게 윽박지르듯이 또박또박 외제 차란 발음에 잔뜩 힘을 주어 말했다.

"아! 예, 알고 있습니다. 저기 있는 제 차도 벤츠입니다."

순간 여자가 눈을 동그랗게 뜨더니 팔짱을 풀고 친구를 쳐다보았다.

"선생님, 보험은…."

그녀의 말꼬리가 풀어졌다.

3. 목욕탕

따끈따끈한 물에 몸을 푹 담그니 피로가 스르르 빠져 나간다. 저절로 눈이 감긴다. 그때였다.

"아까븐 물을 이렇게 넘기면 우짜노!"

할머니 한 분이 욕조 앞에서 커다란 눈을 부라리며 금방이라도 물을 한 바가지 끼얹을 태세다.

물에 때가 둥둥 뜨고 미지근해서 새 물을 좀 받으니 불편하시면 옆에 온탕을 쓰시라고 했다. 순간 할머니가 큰 눈을 더 크게 치뜨고 수도꼭지를 휙 돌리며 한마디 더 보탠다.

"나물 데칠 일이 있나?"

쿡! 마주 보고 웃을 수는 없는 일이라 얼른 고개를 돌린다. 머리 감을 때도 웃음이 나와서 샴푸가 코로 들어가는 수난을 겪었다.

목욕을 마치고 나오니 '**데치다**'란 낱말이 입가에 뱅뱅 돈다.

4. 지하철

오후 2시의 지하철 안이다. 실내는 조용하다. 대부분의 승객이 핸드폰을 앞에 모시고 기도하듯 들여다보고 있다. 갑자기 굵직한 남자의 목소리가 시선을 끈다.

"나라가 잘되려면 투표를 잘해야 돼. 아무나 꾹꾹 누르면 나라가 '개판'이 된다고. 안 그렇소?"

다리를 쩍 벌린 남자는 무릎을 툭툭 치며 주위를 빙 둘러본다. 그는 체크무늬 셔츠에 통이 넓은 코르덴 바지를 입은 늙수그레한 남자다. 희끗희끗한 머리를 뒤로 넘겨 한데 묶어서 얌전해 보이는데 입은 거칠다. 누구라도 이의를 제기하면 한 대 칠 것 같다. 자칫하다간 무슨 봉변을 당할지 모른다는 듯 모두 곁눈으로 남자를 살피며 못 들은 척한다.

"아저씨요, 나라 걱정 너무 하지 말고 아저씨 걱정 단디 하이소. 얼마나 정신이 없으면 신발을 짝짝이로 신고 나옵니까."

맞은편에 앉은 아주머니가 혀를 끌끌 차며 분위기를

깬다. 그러고 보니 색깔은 비슷한데 이쪽저쪽 운동화 모양이 다르다. 일제히 사람들의 눈길이 말한다.
'너나 잘해!'

양말 파는 남자

...

 얼굴에는 표정이 없다. 엉성한 머리카락에 허리조차 구부정하다. 검은색 조끼에 희끄무레한 회색 바지를 입었다. 남자는 물건을 담았던 빈 상자와 커다란 비닐봉지들을 한쪽으로 정리한다. 잠시 허리를 펴더니 길 건너편을 응시한다.
 카페에 앉아 무심히 창밖을 내다보는 중이다. 잠시도 쉬지 않고 몸을 움직이는 왜소한 남자가 눈에 들어온다. 그는 맞은편 도서관 담벼락에 네모난 좌판을 펴놓고 양말을 팔고 있다.

버스가 다니는 큰 도로가 접해 있어서 가게의 목이 좋아 보인다. 좌판 네 귀퉁이에 기둥을 세우고 합판과 비닐로 지붕을 덮었다. 차도와 인도를 끼고 세워진 엉성한 천막이다. 생계를 위해 나선 도시의 유목민이다.

좌판에는 여러 종류의 양말이 놓여 있다. 발목이 긴 양말, 짧은 양말, 덧신 그리고 색깔도 하얀 것부터 노랑, 빨강, 검정, 분홍, 초록 등 색색 가지이다. 줄무늬, 땡땡이 무늬, 알록달록한 양말들이 가지런하다. 그런데 줄곧 지켜보지만, 양말을 사는 사람이 없다.

그는 점심때가 훨씬 지나서야 배달된 짜장면 한 그릇을 비운다. 그릇을 손에 받쳐 들고 비스듬히 돌아앉아 먹는다. 그가 앉아 쉴 수 있는 곳은 오직 플라스틱 의자뿐이다. 의자는 본래의 파란 빛은 잃어버리고 푸르스름한 흔적만 몇 군데 남아 있다. 그 의자에서 앉았다 섰다를 반복하고, 식사도 하며 손님을 기다린다. 이따금 오후 햇볕을 피해 낡은 의자를 들고 이쪽저쪽으로 옮겨 앉는다.

햇볕과 비바람을 피할 수 없는 저 도로변에 그는 언제

부터 자리를 잡았을까. 사람이 많이 다니는 길가에 노점상을 차리기는 쉽지 않았을 것이다. 단속하는 관공서와 앞서 터전을 잡은 주위 사람들의 텃세도 만만찮았지 싶다. 어쩌면 저 장소를 얻기 위해 발바닥이 화끈거리도록 쫓아다녔는지도 모르겠다.

양말 한 켤레 값은 얼마일까. 하루에 몇 켤레나 팔릴까. 팔리지 않는 양말을 펼쳐놓고 앉아 그는 무슨 생각을 할까. 아침마다 구두를 닦으며 양복의 먼지를 털던 윤택한 시절을 떠올릴까. 아니면 흙먼지 이는 자갈길을 맨발로 건너온 힘든 세월을 돌아보고 있을까.

그는 어떤 양말을 신었을까. 불현듯 궁금증이 인다. 검은 운동화 위로 바지가 내려와 있어 보이진 않는다. 길 위의 인생을 사는 사람에겐 양말은 소중하다. 자신의 체중을 오롯이 받아내야 하는 신발 안에서 유일하게 위안이 되는 것이 양말이다. 고단한 땀과 발 냄새를 말없이 받아주는 그 작은 보상과 위로를 팔고 있다.

한참 눈을 감고 있던 남자가 팔을 흔들며 일어선다. 시름을 털 듯이 먼지떨이로 양말의 먼지를 날린다. 오지 않는 손님이 양말 탓이라고 채근이라도 하는 것 같다. 거리엔 겉옷을 벗어든 행인이 많다. 저렇게 양말이 팔리지 않는 것은 갑자기 더워진 날씨 탓일까. 사람을 기다리다 지쳐서인지 활기라고는 없다.

키가 훤칠한 청년이 다가와 양말을 만진다. 의자에 앉아 있던 남자가 스프링에 튕기듯 벌떡 자리에서 일어난다. 나도 순간 엉덩이가 들썩한다. 청년이 검은색 양말과 흰 양말을 들고 그와 몇 마디 나누는가 싶더니 손에 들었던 것을 놓고 그냥 가버린다. 마음에 드는 게 없는 모양이다. 내가 괜히 서운해진다. 그는 다시 양말의 먼지를 턴다.

빨간 미니스커트를 입은 아가씨가 회색과 자주색 타이츠를 펼쳐놓고 남자와 주거니, 받거니 흥정하고 있다. 어느 색이나 아가씨에게 잘 어울린다고 나도 마음속으로 거든다. 잠시 후 타이츠 두 개가 든 검정비닐 봉지를 들고 아가씨가 사라진다. 그의 허리가 조금 펴진 듯하다.

발목을 시원하게 드러낸 수많은 행인이 좌판 앞을 지나친다. 그들을 바라보는 남자는 여전히 표정이 없다.

늙은 장자

∙ ∙ ∙

　책장 위쪽부터 쓰레질하듯이 눈으로 훑었다. 몇 번을 되짚어 보아도 보이지 않는다. 대낮이라 환한데 전깃불을 켰다. 건너뛰었는가 싶어 한 권 한 권 손으로 짚어가며 확인했다. 여기 있었구나! 아래 칸 제일 구석진 곳에 없는 듯 꽂혀 있었다.
　나와 눈이 마주치자 책도 나를 잊지 않았는지 희미한 미소를 보냈다. 작고 낡아서 글자가 보이지 않아 눈에 쉽게 띄지 않았던 게다. 《장자》다.
　왼쪽에서 오른쪽으로 책장을 넘기는 자그마한 책. 글은

세로줄로 이단으로 되어 있고 글씨는 아주 작다. 책 표지는 두꺼운 마분지 정도 되는데 손때가 많이 묻어 있고 종이 색도 누렇게 변했다. 책장을 후루룩 넘기니 잘 마른 무시래기 냄새가 났다.

오랫동안 애지중지한 책이다. 《채근담》이나 《부생육기》 등 다른 책도 여러 권 있었을 텐데 그 시기의 책은 이것만 남아 있다. 아마 일찍 시력이 나빠지면서 글자가 작고 읽기 불편한 책은 버린 것 같다.

책을 펼치니 군데군데 줄을 친 곳이 많다. 특히 〈소요유〉와 〈양생주〉, 〈제물론〉엔 남해에 쳐놓은 고기잡이 그물망처럼 촘촘히 그어져 있다. 눈으로 스치듯 읽은 게 아니라 마음으로 꾹꾹 새기면서 보았던 모양이다.

나는 그때 몹시 힘들었다. 직장과 집만 왔다 갔다 하는 무미건조한 일상에 마음이 돌부처처럼 굳어가고 있었다. 남들은 앞서가는데 혼자 뒤처지는 것 같아 불안했다. 내가 자꾸 작아졌다. 시어머니와 함께 살다 보니 운신의 폭이 한정된 것도 숨이 막혔다. 벽을 박차고 나오고 싶었다. 옛

날이나 지금이나 품이 넓지 못해 마음고생이 심했다.

그럴 즈음 만난 것이 《장자》다. 〈소요유〉라는 표제가 눈길을 끌었다. 생활에 잡혀 있으면서 어떻게 자유로울 수 있을까 궁금했다. 책을 읽으면서 장자의 상상력에 빠져들었다. 〈꿈에 나비가 된다〉와 〈매미와 사마귀〉의 우화에는 별표를 해놓았다. 〈큰 표주박의 용도〉에서는 '고정관념에서 벗어나자. 마음을 바꾸면 다양한 가능성이 있어 삶이 풍성해진다.'는 메모가 눈에 띈다.

"뱁새는 넓은 숲속에 집을 짓고 살지만 한 개의 나뭇가지가 필요할 뿐이며, 두더지가 황하 물을 마셔도 배만 차면 그것으로 족한 것이오." 하는 대목에는 이중으로 줄을 그어놓았다. 그리고 빨간 펜으로 또박또박 써놓았다. '앞뒤 돌아볼 여유 없이 욕망만을 추구하고 산다면 일생이 고달프다. 생각하며 살자.' 삶에 정말 필요한 게 무엇인지 심각하게 고민했던 흔적이다. 잘 사는 것은 지식이 아닌, 스스로 깨달아서 유유자적하게 사는 것이라고 가르쳐주고 있었다. 그러나 아는 것과 살아가는 것은 달랐다.

수많은 시행착오를 겪고 앓으면서 책 곳곳에 마른 꽃잎 같은 눈물 자국을 남겼다.

그때의 내게 《장자》는 푸근한 친구였다. 단조로운 생활에 젖어 무력해지면 힘내라고 따끔한 일침을 놓았다. 내가 철모르고 허방을 디딜 때면 발이 빠지지 않게 붙잡아 주기도 했다. 덕분에 살아오면서 많이 방황했지만 그래도 늘 그 자리에 서 있을 수 있었던 것은 알게 모르게 이 책이 한몫했을 거라는 생각이 든다. 그래서 늘품없지만, 사리에 크게 어긋나지 않게 나이들 수 있었던 게 아니었을까.

소중한 것이지만 놓아야 할 때가 있다. 이 책이 그랬다. 노안이 되면서 돋보기를 껴도 읽기가 불편했다. 그래서 글자도 크고 오른쪽에서 왼쪽으로 책장을 넘기는 재질 좋은 새 책을 샀다. 책 읽기가 훨씬 편하고 좋았다. 헌책은 길이로 줄을 그어 내가 글에 기대었다면, 새 책은 내가 선 자리를 다지듯 옆으로 줄을 그었다. 하지만 손때가 묻어 있고 갈등이 많았던 어려운 시절을 함께한 책을 낡았다고 버릴 수가 없었나 보다. 여러 번 이사하고 책장 정리를 할 때도 책장 한 귀퉁이에 꽂아두었다. 그러나 새로운 친구들이 생기면서 관계가 소원한 옛 친구를 까무룩 잊고 지냈다.

뜻밖에 그 책이 궁금했다. 밖엔 추적추적 늦가을 비가 내리고, 바람이 불 때마다 노란 은행잎이 휘휘 떨어지는 날이었다. 저무는 세월을 돌아보다 보면 옛사람이 그리워지는 날이 있지 않던가. 그날이 그랬다. 낡은 편지 뭉치를 뒤적이듯 책장을 찬찬히 살폈다.

화려한 치장을 한 무리에 끼지 못하고 구석진 곳에 웅크리고 있었다. 내가 늙은 만큼 그도 나이를 먹었다. 고단했던 한 시절의 내가 오롯이 고개를 내밀었다. 누구에게도 내 삶의 곤고함을 풀어놓을 수 없을 때 버팀목이 되어 준 책. 불편한 자리지만 있어 준 게 고마워 한참을 쓰다듬었다.

책장에서 가장 먼저 눈이 가는 곳에 낡은 책을 앞혀 놓았다. 갈수록 세상이 각박해진다. 내 마음이 무뎌지고 상처를 위로받고 싶을 때 수시로 꺼내 든다. 입안에 달달한 사탕을 녹일 때처럼 마음이 편안해진다. 비록 늙었지만 명쾌한 정신만은 그대로 간직하고 있다. 마지막까지 곁에 두어야 할 귀한 벗이다.

주름도 웃는다

• • •

그녀가 달라졌다. 긴 머리를 짧게 자르고, 오렌지색 립스틱을 발라서인지 한층 젊어 보였다. 자칫 못 알아볼 뻔했다고 인사를 건네자 "하하, 주름이 많아 손을 좀 보았는데 표시가 많이 나느냐."며 가방에서 거울을 꺼냈다. 거울에 빨려 들어가듯이 눈을 동그랗게 떠 보고, 도톰한 입술을 모아 볼을 빵빵하게 내밀다가 콤팩트를 딱, 소리 나게 닫았다. 아주 흡족한 표정이었다.

그녀는 갸름한 얼굴에 쌍꺼풀진 눈이 예뻤는데 주름이 많은 편이었다. 그렇다고 보기 싫을 만큼은 아니었는데 한동안 고민을 하더니 기어이 병원엘 다녀왔나 보다. 눈에 띄게 드러나지 않고 자연스러웠다. 나보다 나이가 많은데 더 젊고 생기가 있어 보여 시술을 잘했구나 싶었다.

저녁에 세수하고 거울 앞에 섰다. 쌍꺼풀 없는 눈은 더 작아졌고 칙칙한 검버섯은 섬처럼 여기저기 자릴 잡았다. 입가엔 실금을 그어놓은 듯 잔주름투성이고, 팔자 주름은 깊은 골을 이루었다. 집게손가락으로 얼굴의 피부를 위로 쓱 밀어 올려보았다. 눈 밑의 주름이 없어지고 코와 입 주변이 팽팽해졌다.

TV나 버스 안에서 성형이나 보톡스 이야기를 들으면 '그냥 생긴 대로 살지.' 했는데 그 심정이 이해되었다. 활짝 피어 있던 꽃이 한눈파는 사이에 시들어버린 것 같은 애석한 기분 말이다. 성형외과에 가면 간단하게 얼굴의 피부 톤은 희고 맑게, 주름살도 제거할 수 있으니 함께 가자고 꼬드기던 친구의 말이 생각났다.

나도 한번 가봐?

백 세를 사는 세상이니 지금이라도 늦지는 않겠다. 검

버섯이나 주름은 레이저 치료 몇 번이면 된다고 하니 비용도 크게 부담이 되지 않을 것이다. 꼬깃꼬깃 구겨진 옷에 물을 뿜어 뜨거운 다리미로 다리면 펴지듯이, 얼굴도 그렇게 된다면 한번 해 보는 것도 괜찮겠다 싶었다.

지극히 단조로운 일상에 변화를 준다면 없던 재미도 생기지 않을까? 갑자기 예뻐져서 나를 알아보지 못하는 불상사가 일어날지도 모르지만 그건 내 탓이 아니라 시술 탓이다. 게다가 고상한 이름 하나 새로 지어서 다른 사람으로 산다면 남은 생이 반짝반짝 빛날 것도 같았다.

며칠 후, 큰맘 먹고 성형외과를 찾았다. 얌전하게 생긴 여의사가 어떻게 왔느냐고 물었다. 얼굴에 검버섯과 잡티를 없애고 주름도 펼 수 있는지 조심스럽게 물었다. 내 얼굴을 이리저리 살피던 의사는 "간단하게 한 번이나 두 번 해서 되는 게 아닙니다. 검은 부위가 넓고 오래되어서 레이저 치료를 꾸준히 몇 개월은 해야 좋아집니다. 그때 주름도 하면 됩니다."라고 말하는 게 아닌가. 너나없이 한다기에 밥 먹듯 쉽게 되는 줄 알았다. 하긴 오래전부터 서서히 세력을 키워 당당히 자릴 잡았는데 단번에 날려버리기는 어려울 것이다. 한 곳에 뿌리내리기가 어디 쉬운 일인가. "아, 예 그렇습니까. 생각해 보겠습니다." 하고 돌아왔다.

살아온 날들이 어딜 가겠는가. 여자라서, 형편이 어려워서, 며느리라서 할 수 없는 게 많았고 용기도 없었다. 그러니 내 얼굴의 주름에는 내게 없는 것들에 연연하면서 허상을 좇다가 놓친 궤적이 겹겹이 접혀 있을 것이다.

신문에서 본 사진 한 장이 떠올랐다. 눈이 움푹 들어가고 눈가에 주름이 자글자글한 화장기 없는 민얼굴로, 팔다리가 앙상한 아이를 안고 있는 오드리 헵번. 그녀의 피부는 탄력을 잃었고 가지런히 빗어 넘긴 머리는 반백이었다. 영화 〈로마의 휴일〉로 세상에서 가장 아름다운 여인으로 추앙받던 배우다. 사진에 대한 설명이 없었다면 누군지 알아보지 못했을 것이다.

그녀는 화려하고 풍족한 세계를 떠나서 가난하고 병든 아이들을 돌보는 유니세프의 구호 활동을 하고 있었다.

가진 것을 내려놓기도 어렵고, 남의 시선을 의식하지 않고 사는 것도 쉬운 일이 아니다. 젊었을 때의 그녀도 예뻤지만 주름진 지금의 모습도 예전 못지않게 아름다워 보였다. 거추장스러운 장식을 다 벗어버린 홀가분함이 느껴졌다.

거울 앞에 서서 활짝 웃는다. 주름도 활짝 웃는다. 내가 풋사과 같은 시절엔 나이가 들면 흠결은 좀 있어도 맛있고 달콤한 능금같이 잘 익을 줄 알았다. 이렇게 안팎으로 지나간 세월을 온몸에 새겨놓을 줄은 미처 몰랐다. 그 숱한 흔적을 최신 의료 기술로 쓱 밀어버린다면 겉은 매끈해진다고 하더라도 내면의 주름은 어쩌지 못할 것이다. 만약 깊숙이 박힌 속주름까지 제거해 준다면 글쎄? 그건 그때 가서 생각해 볼 일이다.

마른 꽃

∙ ∙ ∙

책꽂이에 꽂혀 있는 책 한 권을 빼 든다. 오래전에 읽었던 책이다. 책을 펼치니 종이가 누렇게 변색해 있다. 차례를 보고 책장을 스르륵 넘기니 책갈피에 끼어 있던 들국화 두 송이가 얼굴을 내민다. 기다리다 지쳤는지 꽃도 줄기도 갈색으로 변했다.

가녀린 줄기에 보라색 꽃을 매달고 맑은 향기로 지나가는 이의 발길을 붙잡던 꽃이다. 가을을 가을답게 장식해 주어서 내 눈을 사로잡았다. 지금은 납작하게 말라서 향기도 없고 작은 손바람에도 바스러질 것 같다.

작년 칠월 어느 아침이었다. 늘 일찍 일어나시는 어머님이 기척이 없었다. 오늘따라 왜 이렇게 늦으시냐며 남편이 방문을 열었더니 몸을 가눌 수 없는 위급한 상황이었다. 급히 종합병원으로 옮겼다. 심근경색이라고 했다. 여러 가지 검사를 했다. 위험한 고비를 넘겼지만, 병세는 크게 호전되지는 않았다. 그렇게 50여 일이 지나자, 의사도 별다른 치료법이 없다고 해서 요양병원으로 모셨다.

건강하실 때 어머님은 요양병원 이야기만 나와도 끔찍해 하셨다. 노인들의 이야기를 들어보니, 보호자가 없으면 굶기고, 주사도 제대로 주지 않아서 거기 들어가면 살아서는 못 나온다고 하셨다.

그때는 치료를 제대로 안 해주는 것을 얘기했지 저렇게 연명줄에 의지해 살아간다는 것은 생각하지 않으셨던 것 같다. 말하지도, 물을 마시지도 못하신다. 몸을 움직이지도 못하고 천장만 보고 누워 있는 이 상황을 어떻게 받아들이고 계실지 알 수 없다.

어머님이 계신 병실 문을 열고 들어가기 전엔 잠시 문

앞에서 심호흡하게 된다. 여섯 병상인데 네 분은 미동이 없다. 그래서 혹시 침대 하나가 비어 있으면 어쩌나 해서 마음이 무겁기 때문이다. 입구 쪽의 노인은 콧줄과 소변 줄을 걸어놓고, 손가락 군데군데 붕대를 감아놓았다. 손가락이 오그라드는 까닭이었다. 앙상한 얼굴에 입으로 숨을 쉬며 천장만 바라보고 있더니 지금은 눈 뜰 힘도 없어 보인다. 간호사들이 이름을 부르면 잠시 초점 없는 눈을 떴다 감는다. 책 속에서 말라가는 꽃처럼 잊혔을까. 찾아오는 가족을 마주친 적도 없다.

어머님이 처음, 이 병실에 오셨을 땐 양옆의 노인은 앉아서 숟가락으로 죽을 조금씩이나마 떠먹었다. 입에 들어가는 것보다 흘리는 게 더 많다고 간병인이 말했다. 그러다 어느 날 보니 콧줄을 달고 있었다. 그중 유달리 눈동자가 까맣고 피부가 하얀 노인은 내가 가면 애잔한 눈빛으로 쳐다보았다. 나는 눈이 마주치면 들어 드릴 수 없는 부탁을 할 것 같아서 애써 피하곤 했다. 이제 그녀도 눈을 감고 있을 때가 많아 마주칠 일이 별로 없다. 그러나 조각처럼 놓인 길고 가는 손가락이 무슨 말을 하는 것 같아 자꾸 눈길이 간다. 사 년이 넘는 세월을 그 자리에 누워 사위어간다.

 창가에 있는 할머니는 토끼 인형을 수건에 감싸 안고 토닥인다. 아기를 잠재운다며 검지를 입에 대며 조심스러운 표정이다. 백발이 된 당신의 어린 아들을 재울까, 아니면 중년이 된 손자를 다독일까. 두어 달 전까지만 해도 아침이면 나들이 가실 준비를 하는지 분을 뽀얗게 바르고, 립스틱을 빨갛게 칠하곤 했다. 보는 사람들이 예쁘다고 인사를 하면 고맙다고 두 손을 모으며 수줍게 인사를 받았다. 분홍색 니트 조끼를 환자복 위에 입고 며느리가 어렵게 구했다고 자랑했건만 요즘은 이불을 얼굴까지 덮고 누워 있는 시간이 많아졌다. 이 방에서 유일하게 말하고, 돌아눕기도 하며, 앉아서 죽이나 물을 마신다. 타월로 감싼 토끼 인형을 어루만지는 주름진 얼굴을 보고 있으면 가슴에 묵직한 돌 하나 매달아 놓은 것 같다.

 토끼 할머니 옆에 누워 계시는 분은 늘 누굴 기다린다.

문을 열고 들어가면 귀를 곤추세우고 목소리의 행방을 쫓는다. 간혹 "까치 까치 설날은 어저께고요. 우리 우리 설날은 오늘이래요." "생일 축하합니다. 생일 축하합니다." 가족들의 축하 인사를 받는 양 환한 얼굴로 손뼉을 치며 노래를 불러서 깜짝 놀랐는데 몇 달 사이에 옛이야기가 되었다. 오늘은 엄마를 부른다. 외출하는 엄마의 치맛자락을 잡는지 허공에 손을 내젓는다. 엄마가 보고 싶은 걸까. 아니면 마지막까지 남아 있는 단어가 엄마였을까. 팔십이 넘은 연세에 치매가 있어 간병인의 손을 빌리는 형편인데 노인이 기억하는 엄마는 어떤 모습일까.

요양병원에 갔다 나오면 한참을 생각 없이 걷는다. 사는 것도 어렵지만 죽기도 쉽지 않다고 생각하니 다리에 힘이 빠진다. 삶과 죽음의 경계에 서 있는 노인들. 죽은 것도 아니고 그렇다고 살아 있다고 말하기도 어렵다. 코로 음식과 물과 약을 투여하고 타인의 손을 빌려 배변을 해결하는 삶을 살아 있다고 할 수 있을는지.

그들도 한때는 들국화처럼 풋풋하고 향기로운 꽃이었

다. 누구의 연인으로, 어머니로 살았을 노인들이 늙고 병들면서 책 속의 꽃처럼 말라간다. 그래서 그 방에서는 꼿꼿이 걷는 것도 조심스럽다. 병상의 노인들은 시간에 갇힌 마른 꽃이다.

풀을 먹이다

• • •

 갑자기 더위가 찾아왔다. 삼베 이불을 꺼냈다. 오래된 삼베 이불은 아무렇게나 벗어 놓은 옷처럼 후줄근하다. 몸에 붙지 않고 칼칼함을 즐기려면 삼베 특유의 까슬함을 찾아주어야 한다.
 식은 밥덩이를 꺼내 냄비에 물을 넉넉히 붓고 뭉근히 끓인다. 흐물흐물하도록 푹 퍼진 밥을 베주머니에 넣어 문지르면 밥물이 뽀얗게 나온다. 이 물에 삼베 이불을 넣어 주물러서 말린다. 처음엔 끈적한 풀물이 손에 묻지 않을 정도로 꾸덕꾸덕하게 말려야 된다.

풀 먹인 이불을 베란다 빨래 건조대에 널어놓고 보니 커다란 캔버스를 걸어놓은 것 같다. 눈으로 큰 붓을 휘두른다. 달개비꽃과 오래된 돌담과 키 큰 미루나무를 그린다. 새소리가 바람을 몰고 오고, 지나가는 구름이 살짝 색칠을 하고 간다. 먼 산을 배경으로 끌어다 앉히니 멋있는 풍경화 한 폭이 완성된다. 물기가 마르는 동안의 이 여유가 좋다. 자지러지는 매미 소리가 옛 기억을 불러온다.

예전에는 여름이 되면 집집이 모시 이불이나 삼베 이불에 풀을 먹여 널어놓았다. 길게 처진 빨랫줄에 널린 이불엔 바람이 넘나들고 잠자리들이 쉬어갔다. 매미 소리는 풀물과 함께 이불자락에 깊숙이 스며들고, 나비가 숨바꼭질하며 놀다 갔다. 갈등 많은 고부간에도 그때만은 의좋게 밀고, 당기고, 밟으며 해가 기웃해질 때까지 다듬이질 했다.

엄마의 모시 한복이 떠오른다. 햇볕이 따가운 날 초록 물이 뚝뚝 흐르는 쑥을 뜯어다 생즙을 짰다. 거기다 물을 희석해 모시 치마와 저고리를 적셨다가 말리기를 두세 번 반복하였다. 쑥물이 은은하게 배면 풀을 먹였다. 알맞게 끓인 풀물에 모시 치마저고리를 조물조물 문질러서 마당에 펼쳐 널어놓으면 폭넓은 치마는 허공에 춤을 추듯 펄럭거렸다.

모시 올은 가늘어서 아주 조심스럽게 다루어야 했다. 적당하게 말려서 밟고 손으로 다독여 다리미로 곱게 다렸다. 맨 마지막엔 바람의 유혹에 빠지지 않도록 저고리 앞섶과 도련에 다리미를 한 번 더 지그시 눌러 주었다. 이때 손으로 살짝 만져보면 잠자리 날개같이 부드러우면서도 힘이 있었다. 나는 엄마가 그 옷을 입으면 어딘가로 훅 날아가버릴 것 같은 생각이 들었다. 그래서 모시 한복을 입고 외출할 땐 은근히 걱정되었다. 한편으론 단아하고 맵시가 있어 나도 어른이 되면 저런 옷을 입어야지 했다.

그때 엄마는 삼십 대 후반이었다. 몸은 늘 아프고, 어린 자식은 여섯이나 되는 넉넉지 않은 삶이 고단했을 것이다. 엄마는 그렇게 정성을 들인 한복을 입고 나들이하면서 어떤 생각을 하였을까. 그 옷을 입는 순간 나비가 허물을 벗고 비상하듯이 날고 싶었을 것 같다. 어쩌면 병약해진 당신에게 풀을 먹여 켜켜이 쌓인 아픔을 바람에 날리고 싶었던 것은 아니었을까. 그래서 여름철이면 모시 한복을 시원하게 손질해 입고 잠시나마 바람을 가르며 날았을지도 알 수 없다.

골고루 마르게 눅눅한 이불을 뒤집어 놓는다. 풀을 하는 건 닳아서 흐트러진 모습을 반반하게 해주는 것이다. 그냥 풀만 한다고 되는 게 아니다. 반듯하게 각이 지면서도, 엄마의 모시 치마저고리처럼 날아갈 듯이 하늘거리게 하려면 공을 들여야 한다. 바람에 말리고 여러 번 손질해야 제대로 된 삼베나 모시 본래의 멋을 찾는다.

요즘은 풀하고 다림질하지 않아도 시원한 이불이 많다. 그러니 애써 풀을 하는 사람은 드물다. 나도 세탁기에 빨아서 말리면 되는 이불을 남 먼저 사들였다. 그러나 몸에 달라붙지 않고 땀 흡수도 잘 되는 삼베 이불을 더 좋아한다. 덮고 있으면 들판에서나 맡을 수 있는 연한 풋내가 나는 것 같다. 손질하기가 번거롭지만, 하루 수고하면 한철을 잘 보낼 수 있다.

　나에게도 풀을 먹이면 어떨까 싶다. 깊은 우물 속 세상이 궁금해 날마다 들여다보던 호기심이 사라지고, 빠르게 변하는 세상의 속도를 따라가지 못해 우울해지는 나. 책을 읽어도 눈과 머리가 따로 놀 때가 많다. 그림이나 영화를 보면 가슴께가 짜릿하던 감동도 예전만 못하다. 어떤 풀이 푸석해진 나를 시원하고 까슬까슬하게 살려낼 수 있을지 고민해 볼 일이다.

　적당히 마른 이불을 걷어 결대로 접어서 자근자근 밟는다. 다시 펴서 손 다리미질을 하고 바싹 말린다. 삼베 이불은 '원래 내가 이랬어.' 하듯이 말쑥하다. 나는 미루어 둔 숙제를 끝낸 아이처럼 땀을 닦으며 **빳빳한 삼베 이불**을 깔고 덮고 누워본다. 등이 시원해지면서 전신에 슬슬 풀물이 배어든다.

찰랑찰랑

...

"누고? 분위기 확 깨는 사람."

시간이 급해 잘못 올라탄 기차에서 쫓겨나듯이 내가 부르는 노래가 단칼에 잘리고 후속곡이 흘러나온다.

"비 내리는 호남선 남행열차에~." 누군가 자리에서 일어나 방방 뛰기 시작한다. 분위기를 단숨에 끌어올린다.

오랜만에 만난 친구들과 점심을 먹었다. 커피를 마시고 서로의 근황을 주고받다 보니 별스러운 할 말이 없었다. 손자 자랑, 아픈 자랑, 먹는 약 자랑 끝에 누군가 노래방에 가보자고 했다. 이구동성으로 옛날에 가보고는 한참 되었다며 손뼉을 쳤다. 나도 은근히 기대했다. 모처럼 시원하게 한 곡 불러 보겠다고 목을 쭉 뽑아보았다. 무슨 노래를 부를지 머릿속을 굴렸다. 노래방이 아니면 신바람 나게 맘껏 소리 내어 부를 곳이 없잖은가.

썩 잘 부르지는 못하지만, 예전엔 유행하는 노래는 거의 따라 부를 수 있었다. 단독주택에 살 때는 집에 아무도 없으면 모든 문을 닫아걸고 〈황성옛터〉나 〈두만강 푸른 물〉을 구성지게 불렀다. 〈돌아오라 소렌토로〉를 열창하고 〈향수〉나 〈만남〉, 〈한계령〉 등 생각나는 대로 노래했다. 지금이야 모니터에 자막이 나오지만, 악보 없이도 트로트나 발라드, 동요든 가곡이든 유행하는 노래는 가리지 않았다. 노래라는 게 참 묘했다. 그렇게 한바탕 소리를 지르고 나면 갑갑하던 가슴이 뻥 뚫렸다.

노래방에 들어서자 사이키 조명등이 반짝이며 돌아가고 쿵작쿵작 반주가 흘러나온다. 잠깐 사이에 딴 세상에 온 것 같다. 의자에 앉은 사람도, 서서 리듬에 몸을 흔드는 이도 선곡하느라 바쁘다. 시끄러운 음향과 차르르차르르 탬버린 소리에 귀가 먹먹하고 혼이 빠질 것 같으면서도 기분이 고조된다. 흥이 많은 친구는 벌써 두루뭉술한 허리를 흔들며, 마이크를 잡고 한 손은 허공을 찌르고 있다. 나도 노래책을 뒤적인다. 그 많은 곡 중에 내가 아는 노래 제목이 눈에 띄지 않는다. 겨우 〈편지〉를 찾아 예약했다.

큰소리로 노래를 불러 본 지가 한참 되었다. 시어른과 함께 지내다 보니 콧노래를 흥얼거리는 것도 조심스러웠다. 오랜 세월 퍼내지 않고 덮어둔 우물처럼 차츰 노래와 멀어지고 목소리도 가라앉았다. 사소한 것 같지만 노래를 부르지 않으니, 감동이 일어나지 않는 삶을 사는 것 같았다.

흘러간 노래, 최신 유행가가 한바탕 후끈하게 지나고 드디어 내 차례다. 처음 해보는 것도 아닌데 반주가 나오니 백 미터 달리기 스타트라인에 선 것처럼 가슴이 쿵쿵 뛴다. 심호흡하고 목소리를 가다듬으며 명가수인 양 폼을 잡고 애창곡을 부른다.

"말~없이 건네주고 달아난 차가운 손, 가슴속~."

그때, '누고?' 하는 바람에 쭉 뺐던 목이 저절로 움츠러들었다. 〈남행열차〉를 부를걸. 예전 같으면 주눅이 들어 한쪽 구석에 가만히 앉아 있었을 텐데, 가방에서 돋보기를 꺼내 쓰고 재빨리 책장을 넘긴다. 시계는 오후 네 시가 지났다. 시장 봐서 저녁 준비할 시간이다. 나는 시간을 가방 깊숙이 묻어둔다.

"찰랑 찰라~앙 찰랑대네, 잔에 담긴 위스키처럼~."

목청껏 소리를 토해 낸다. 위스키를 한 잔 마신 것처럼 어깨가 절로 들썩인다. 주위를 돌아보니 주름진 볼이 발그레한 게 다들 행복하다고 온몸을 찰랑거린다. 한 번쯤 이렇게 찰랑거려 보는 것도 삶의 여유다.

완두콩을 까다

· · ·

나른한 봄날 오후, 없는 것 빼고 다 있다는 부전시장에서 이 골목 저 골목을 기웃거린다. 갖가지 채소 사이에서 산뜻한 연두색 콩꼬투리가 발길을 붙잡는다. 올록볼록한 게 저절로 손이 간다. 콩 자루를 들어보니 생각보다 묵직하다. 살까 말까 머뭇거리고 있으니 눈치 빠른 가게 주인이 말한다.

"들고 가면 무겁고 껍질 버리기도 번거로울 테니, 까서 가져가 봐요. 내 생각이 날 겁니다."

다닥다닥 붙어 앉아서 콩을 까던 할머니들도 나를 올

려다보며 짐이 반으로 줄어든다고 입을 거든다. 나는 손놀림 빠른 할머니들이 아르바이트를 하는구나 지레짐작하며 알맹이가 실한지 슬쩍 살핀다.

완두콩은 검정콩이나 호랑이콩과는 달리 색깔이 눈길을 끈다. 따끈따끈한 찐빵에 얹힌 연둣빛은 보기만 해도 입 안에 침이 고인다. 그것을 넣고 갓 지은 하얀 쌀밥은 별다른 반찬이 없어도 맛있다. 꼬투리째 쪄 먹거나 으깨어 전을 부쳐 먹어도 좋다.

못 이기는 척 할머니들 틈에 자리 잡는다. 주인은 낮고 동그란 플라스틱 의자와 큼지막한 소쿠리를 건네준다. 거기에 완두콩 한 자루를 담아서 까기 시작한다. 콩꼬투리 끝부분을 살짝 누르면 껍질이 터진다. 그 사이를 양쪽으로 벌리면 콩은 소쿠리에 쏟아지고, 껍질은 땅바닥에 쌓인다. 갓 까놓은 반짝반짝 빛이 나는 연둣빛 콩에 내 입꼬리가 올라간다.

콩 한 자루 사는 건 별일 아니다. 그런데 '부전시장'에서 커다란 바구니를 안고 콩을 깐 이야길 하면 누구나

'에이 남세스럽게 그건 아니다.'며 뜨악한 표정을 짓는다.

　복잡한 시장 바닥에서 낯선 이들 틈에 앉아 콩을 깔 것이라고는 상상도 못했던 일이다. 이따금 시장 모퉁이에서 배추나 파를 다듬는 사람이 보이면, 왜 저런 곳에서 할까 했던 내가 아닌가.

　바구니를 안고 있는 내 모습이 어색해 고개를 푹 숙이고 주위를 살핀다. 남들도 나처럼 '집에서 하지.' 할 것 같기도 하고, 혹시 아는 사람이 지나가다 보면 어쩌나 싶어 마음이 쓰여서다. 난전이다 보니 오가는 사람들이 콩값을 묻기도 하고, 한 자루 까면 수고비를 얼마나 받는지 슬쩍 떠보고 가는 이도 있다.

　그러나 한참 까다 보니 콩알이 바구니 밖으로 튀어 나갈까 신경이 쓰여 다른 생각을 할 여유가 없다. 콩은 여차하면 바구니를 벗어난다. 잠깐 사이에 벌써 몇 알을 놓쳐버렸다. 내가 언제부터 콩 한두 알을 그렇게 귀하게 여겼나 싶게 두 눈 부릅뜨고 콩의 행방을 쫓는다.

　어느새 할머니들과도 스스럼없이 이야기가 오간다. 콩

알이 굵고 싱싱하다는 내 말에 모두 고개를 끄덕인다. 옆자리 할머니가 집이 어딘지, 나이가 얼마나 되는지 묻는다. 손녀가 완두콩을 좋아하고 자식들이 용돈을 잘 챙겨준다며 핸드폰에 저장된 사진을 내미는 이도 있다. 묵묵히 듣고만 있던 자그마한 할머니가 목소리를 높인다. 뭐니 뭐니 해도 나이가 들면 건강이 제일이고 친구가 있어야 한다고 말하자 줄줄이 속내를 풀어놓기 시작한다.

고부간의 갈등, 딴 살림 차린 남편 찾아갔다 울고 온 사연, 속 썩이던 자식이 이제는 효자가 되었다는 사연도 덤덤하게 쏟아낸다. 젊을 땐 못했던 이야기도 세월이 가니 하게 된다며 멋쩍게 웃는다. "그래 맞아." 하며 다들 맞장구를 친다. 모진 풍파도 시간이 지나면 그 끝이 둥글어지는지 말 속에 모서리가 없다. 그 모습들이 꼬투리 안의 고만고만한 완두콩 같다.

얼마쯤 시간이 지나자 깐 콩을 까만 비닐봉지에 담아서 "뒤에 오이소." 하며 한 사람 두 사람씩 자리를 털고 일어선다. 일행인 줄 알았는데 여섯 사람 모두가 처음 만난 이들이다. 밥 한 끼, 커피 한 잔 나누지 않아도 스스럼없이 마음을 열어 놓고 환하게 웃는다.

　이제 남은 시간이 그리 많지 않다는 것을 아는 사람들이다. 가녀린 줄기에 꼬투리를 총총 매달고 실하게 익혀 낸 완두콩처럼 지난 시간을 잘 견뎌낸 누군가의 아내요, 엄마들이다. 예전엔 부끄럽고 자존심 상해서 혼자 삭이던 고달프고 서럽던 이야기와 자랑하고파 입이 근질근질한 사연들을 난전에 한바탕 풀어놓고 갔다. 발걸음도 가뿐했을 것 같다. 아직도 누군가에게 건강하고 따뜻한 식탁을 차리고 싶어 콩을 까는 노인들. 그들도 소박하지만, 정성이 가득한 밥상을 받았으면 좋겠다.

　할머니들이 떠나버리자 왁자지껄한 TV를 껐을 때처럼 주위가 조용하다. 수북이 쌓인 콩깍지가 조금 전 그녀들이 쏟아낸 속엣말 같다. 어느덧 나도 그들 옆에 앉아도 어색하지 않을 나이가 되었다. 쭉정이가 될까 노심초사했던 지난날을 돌아본다. 나만 외롭고 모자랐나 싶었는데 서로 가슴을 열어놓고 보면 사람 사는 세상 거기가 거기다.

시나브로 시들어갈 콩깍지 더미가 예사롭게 보이지 않는다.

녹차의 시간

• • •

　찻잎은 친구의 시골집에서 가져왔다. 산속과 진배없는 청정한 그곳에 울타리로 차나무를 심어 놓았다. 마침 봄비가 지나간 뒤라 차나무는 묵은 가지에서 뾰족이 새순을 내밀고 있었다. 햇빛에 반짝이는 어린잎을 보는 순간 오래전의 차 맛이 혀끝에 되살아났다. 그 보드라운 잎을 두고 올 수가 없었다. 녹차를 만들 계획도 없이 그냥 들고 왔다. 식탁에 덩그러니 놓인 찻잎을 보니 괜한 짓을 했나 싶다.
　어쨌든 찻잎은 오래 둘 수 없다. 서둘러야 한다. 깨끗한 프라이팬과 삼베 보자기를 꺼낸다. 명품 우전차나 작설차라는 이름은 없지만, 어디에서도 맛볼 수 없는 나만의 차를 만들어 보기로 한다. 가스불을 켜놓고, 손놀림을 빨리하며 찻잎을 펴 뒤적인다. 새로운 환경에 놀랐는지 손끝에서 파르르 떨며 풋내를 풍긴다. 찻잎과 불의 팽팽한 줄다리기가 시작된다. 감정을 잘 다스려야 마음이 편안하듯 불 조절을 잘해야 찻잎이 타지 않고 향을 머금는다.

뻣뻣하던 생잎이 한풀 숨이 죽을 때쯤, 내 안에 웅크리고 있는 대책 없는 객기를 다스리듯 삼베 보자기에 놓고 치대고 비빈다. 찻잎의 눈물인지 한숨인지 찐득하게 손에 달라붙는다. 떠나온 곳은 이제 잊어야 한다며 눈 질끈 감고 그냥 치댄다. 그렇게 반복해서 비비고 덖다 보면 파릇하던 잎이 차츰 거무스레하게 변한다. 가슴에 소용돌이치던 잡념들이 가닥을 잡아 명쾌해질 때처럼 찻잎이 가슬가슬해진다.

이럴 때 자칫 한눈팔면 검불처럼 타버리는 낭패를 당한다. 손끝에 온 정성을 들여 불의 온도를 가늠해 가며 여덟 번, 아홉 번 덖다 보면 찻잎에서 녹차로 거듭난다. 크게 어긋나지 않은 인생이 되려면 뜨겁고 시리고 무덤덤한 세월을 견뎌내어야 하듯이, 좋은 차도 쉽게 얻어지는 것이 아니다. 차를 덖는 것은 무던히 나를 담금질하는 시간이다. 집 안엔 온통 녹차 향기가 밴다.

차 맛을 처음 안 것은 오래전 중국 춘란을 키우면서였다. 특히 중국 춘란은 건사하기가 까다로웠다. 그때만 해도 주변에 난을 키우는 이가 드물었다. 그래서 잎이 마르거나, 꽃을 보고 싶은데 어떻게 하면 좋은지 답답할 때가 많았다. 그즈음 원광 스님께서 쓰신 '난을 키우는 즐거움과 어려움'에 대한 글을 신문에서 읽게 되었다. 반가운 마음에 전화로 난에 대해 여쭈었더니 시간이 될 때 언제든지 와도 된다고 하셨다.

스님이 계신 절집은 도심 한가운데에 있었다. 몇 번을 망설이다 어렵게 찾아뵌 스님은 동양란의 특징과 물주기에 대해 말씀해 주시며, 연둣빛 찻물을 따라 주셨다. 그때 그 찻물 따르는 소리가 계곡물 흐르는 소리 같았다.

차 마시는 예법도 모르고, 어려운 분 앞이라 조심스러웠다. 녹차를 마셨으나 얼떨결에 맛도 몰랐다. 불청객이라 인사 여쭙고 나와 중앙동 거리를 천천히 걸었다. 그제야 무슨 맛인지 모르고 마셨던 차 맛이 입안에 감돌며 갈증을 달래주었다.

며칠 후, 녹차를 사고 다관을 마련하여 차를 우렸다. 송매, 대부귀, 용자 등의 중국 춘란을 곁에 두고 책을 읽으며 차향을 음미했다. 사는 게 답답하고 갈등이 많아 힘들 때였지만, 덕분에 나름의 느긋함을 즐기며 살았던 시절이었다. 그러다 갑작스럽게 남편이 병고로 자리에 눕게 되었다. 한가하게 난을 돌보거나, 차를 우리는 사치를 부릴 수 없었다. 하루하루 뜨거운 불 위의 찻잎처럼 나 스스로를 덖으며 살았다. 그때 알았다. 차 맛도, 여유도, 주위가 두루 편안해야 누릴 수 있는 소소한 행복임을.

찻잔에 뜨거운 차를 따른다. 연두색도 노란색도 아닌 오묘한 빛깔에 매혹되어 차 한 잔을 머금는다. 이른 새벽 산속에 들어섰을 때, 코나 입을 통해 목젖에 스며들던 달큰하면서도 쌉싸름하던 그 향이 입안에 고인다. 긴장했던 마음이 풀어진다.

　야생의 푸른 찻잎이 보는 이의 눈을 즐겁게 해주었다면, 녹차는 마음을 쓰다듬는 맑은 향과 맛을 품었다. 언 땅을 뚫고 봄볕에 고개를 내민 찻잎을 뜨거운 불에 덖고 치대고 비벼서 한나절 내 손에서 가둔 맛이다. 사람의 한생도 그런 것이 아닐까. 얼마나 열정적으로 자신을 덖으며 살았는가에 따라서 풍기는 향기가 다를 것이다.

　오랜만에 나와 마주 앉는 한갓진 시간이다. 새삼 고마운 마음이 든다. 차나무를 가꾸어 놓고 나를 부른 친구와 녹차 맛을 알게 해준 원광 스님까지. 그러고 보면 차 한 잔에도 기나긴 시간이 인연으로 닿아 있다.

2.
매화역

자갈치 스케치 •
서 있는 여자들 •
꽃무늬 바지 •
공중전화 부스 •
매화역 •
울기 좋은 곳 •
까치와 왜가리 •
분실물 •
말랑말랑해지다 •
그때, 그 바람 •

자갈치 스케치

• • •

　지하철을 탔다. 사람들의 온기를 찾아 나선 길이다. 코로나19 이후 거리와 지하철은 한산하다. 남포역에 내려 자갈치시장으로 향한다. 장바구니나 검정 비닐봉지에 장 본 걸 들고 다니는 모습이 자주 눈에 띈다.
　롯데 백화점 건너편 해안 도로 쪽으로 들어가면 건어물 시장이다. 낡고 칙칙한 느낌의 건물들이 좁은 길을 사이에 두고 처마를 마주하고 있다. 낮은 이층집인데 일층은 가게를 하고 이층은 창고로 쓴다. 광복 이전까지 일본인들이 살던 적산 가옥이다.

말린 오징어, 김, 미역, 멸치 등이 지나는 길손을 유혹한다. 더러 반짝반짝 빛을 내며 가지런히 좌판에 깔린 멸치를 두어 마리 집어 먹으며 흥정하는 이가 보인다. 나는 절집 처마에 걸린 풍경처럼 바람에 흔들리는 마른오징어를 툭 친다. '반가워' 인사를 건넨다.

손 뻗으면 닿을 것 같은 바다를 끼고 걷는다. 짭짤한 갯내가 코를 파고든다. 영도다리 도개로 관광객이 모여들면서 바다를 매축해 길이 넓어졌다. 수변공원도 조성되어 바다를 조망하며 잠시 쉬어갈 수 있도록 의자가 놓여 있다. 여기저기 낚싯줄을 던져놓고 한가롭게 앉아 있는 사람들도 눈에 들어온다.

몇 해 전까지만 해도 이 길을 한참 따라가면 영도다리 아래 다닥다닥 붙은 낡은 집들이 있었다. 한국전쟁 당시 자리 잡은 점바치 골목이다. 족집게라고 소문난 점쟁이가 있어 사람들의 발길이 이어졌다. 헤어진 가족을 찾는 사람, 자식들의 앞날이 궁금한 부모, 바람기 많은 남편 잡는 비법을 묻는 여인네들이 찾던 곳이다. 알 수 없는 인생사를 풀어놓고 위안을 받아 가던 곳이 이제는 흔적도 없다. 예나 이제나 변함없는 검푸른 바닷물만 아는 체한다.

어시장 쪽으로 천천히 걷는다. 길가에 쪼그리고 앉아 플라스틱 대야에 생선이나 조개, 멸치, 나물 등을 팔던 노점상들은 어느 곳으로 옮겨갔는지 보이지 않는다. 어시장 맞은편엔 횟집이나 꼼장어구이, 식당 같은 상가가 자리하고 있다. 오래된 적산 가옥들은 말쑥한 고층 건물로 바뀌었다. 집집마다 화려한 화장을 한 것 같은 간판 글씨에 눈이 어지럽다.

"문패도 번지수우도 없느은 주우 막에~." 구성진 가락이 발길을 끌어당긴다. 길모퉁이 그늘진 곳에 몇 사람이 빙 둘러섰다. 사람들 사이로 고개를 쏙 디밀어 보니 기타 반주에 한쪽 발끝으로 장단을 맞추며 은발의 남자가 노래를 부르고 있다. 거리의 악사다. 빛이 바랜 모자와 겉옷이 길에서 오래 찬바람을 맞았음을 말해준다. 푸르른 날엔 통기타를 둘러메고 낭만과 꿈을 노래했을 것 같은 저 남자. 황혼이 짙어지고 기타 줄이 끊어지는 날이면 다시 볼 수 없으리라.

노래를 뒤로하고 차들이 길게 늘어선 곳으로 들어서니 억센 경상도 사투리로 시끌벅적하다. 지나가며 서로 어깨를 부딪치던 예전처럼 복잡하지는 않다. 그래도 여긴 자갈치시장이다. 구경하는 사람과 생선을 팔고 사는 사람들의 장터다.

올 때마다 느끼지만 자갈치 아지매들은 활기차다. 붉은색, 분홍색 긴 앞치마를 두르고 빨강 고무장갑 차림으로 무장했다. 추위에 비린내 나는 생선을 만지면 지칠 법도 한데 갓 잡아 온 물고기처럼 싱싱하다. 그래서 여기에 오면 꾸들꾸들 말라가는 코다리같이 무감각해지는 내 마음에도 생기가 돈다.

둘러보니 좌판마다 가지각색이다. 금방 튀어 오를 것 같은 생선을 크고 작은 모양대로 나란히 펼쳐놓았다. 한쪽에서는 곁가지 치기를 하는 정원사처럼 능숙한 솜씨로 생선을 다듬는다. 손질한 생선을 찬물에 흔들어 씻어 소금을 뿌린다. 간이 고루 배게 다독이며 포장하는 모양이

프로답다.

목소리가 걸걸한 아지매가 납작한 생선들을 수북이 쌓아놓고 지나는 이를 부른다. 구경만 하지 말고 싸게 줄 테니 와보란다.

그때, 한참을 이곳저곳 생선 좌판을 들여다보던 곱상한 아주머니가 가자미를 사고 싶은데 어디에 가면 있는지 조심스럽게 묻는다. 말이 떨어지기 무섭게 자갈치 아지매가 납작 엎드려 있는 커다란 생선 한 마리를 번쩍 들어 보이며 반갑게 대답한다.

"이게 다 납세미아잉교. 모양에 따라서 이건 참 납세미, 저건 사리 납세미, 포항 납세미, 그리고 이건 미주구리라고 합니더."

"아니, 저는 납세미 말고 가자미를 찾는다고요."

"아이구 보소, 항문을 똥꾸멍이라고도 하고 똥꾸녕이라고도 하듯이 가자미를 납세미라고도 하고 까재미라고도 하요. 이 까재미 좀 보소 얼마나 싱싱한지. 잘해줄 게 사보소."

팽팽하던 풍선이 빵 터지듯이 여기저기서 웃음이 폭발한다. 그래! 가자미나 납세미나 굳이 따져 무얼 하겠는가. 설사 이것과 저것이 조금 다르더라도 인정해 주면 되는 것이 아닌가. 매사 너무 안달복달하지 말고 살 일이다. 자갈치 아지매한테 한 수 배운다.

서 있는 여자들

...

　찻집 건너편 옷 가게 앞에서 자그마한 여자가 전단을 나눠주고 있다. 챙이 넓은 짙은 청색 모자를 쓰고 하늘과 땅에서 내뿜는 열기를 온몸으로 받고 있다. 조금이나마 햇빛을 가리기 위해서일까. 사십 대 초반쯤 보이는 그녀는 흰색 긴 팔 티셔츠와 검은색 긴 바지를 입었다.
　여자는 손으로 연방 얼굴에 부채질하면서 비껴가는 젊은이들을 뒤따라가며 전단을 건넨다. 더러는 받기도 하고 대부분 그냥 스쳐 간다. 한 손에 커피를 들고, 또 다른 손엔 손 선풍기를 들고 걷는 아가씨에게 미소를 띠며 다

가간다. 순간 귀찮다는 듯 눈을 치켜뜬 싸늘한 표정에 멈칫하고 물러선다. 얼굴에 잠시 그늘이 진다. 무겁지 않은 종이 한 장씩을 받아주면 그녀의 하루가 좀 가볍고 시원해질 텐데 대부분 피해 간다. 하긴 나도 전단을 받지 않으려고 옆으로 슬쩍 돌아가곤 했다. 저만치 길바닥엔 버려진 전단이 쓰레기가 되어 굴러다닌다.

이 거리는 항상 사람들로 붐빈다. 특히 젊은이가 많다. 손을 잡고 빨대로 음료수를 먹으며 걷는 연인들, 어깨를 다 드러내 놓고 발끝까지 질질 끌리는 치마를 입은 아가씨. 핸드폰을 들여다보며 걷는 행인들도 자주 눈에 띈다.

그녀는 어떻게 이 그늘 한 점 없는 삭막한 길 위에 섰을까. 지나가는 사람들과 얼굴을 마주하다 보면 아는 사람을 만날 수도 있다. 다리가 아파도 억지로 미소를 지어야 한다. 자칫하면 그냥 지나치는 사람들로 인해 마음의 상처를 입을 수도 있는 일이다. 거리에 서기까지는 많은 갈등이 있었을 것이다.

하루 수고비는 얼마나 될까. 최저임금도, 근무 시간도

해당하지 않을 것 같다. 친구들과의 여행 경비를 마련하기 위해서일까. 모처럼 좋은 기회가 왔는데 빠듯한 생활비에서 나를 위해 쓸 돈은 항상 모자라지 않든가. 아니면 생활비에 보태려고 어쩔 수 없이 선택한 일인지도 모른다. 살다 보면 예상치 못한 불행이 앞을 막아설 때가 있다. 그래서 임시방편으로 나왔는지 알 수 없다.

가만히 있어도 땀이 줄줄 흐르는 한낮. 갈증이 이는지 그녀가 건물 귀퉁이에 서서 연거푸 페트병의 물을 마신다. 그리고 가게 안 마네킹을 유심히 쳐다보며 긴팔 티셔츠 소매를 접는다. 햇볕에 먼지를 뒤집어쓰고 길거리에 서 있지 않아도 되는 마네킹이 부러운 걸까.

마네킹은 유리문 안에서 잔잔한 음악을 들으며 표정 없이 서 있다. 바람이 불면 하늘거릴 것 같은 연보라색 블라우스와 빨강, 파랑, 노랑 색깔의 줄무늬 에이라인 치마를 입었다. 금방 나들이라도 할 듯이 가는 끈으로 된 샌들을 신고 사람들의 시선을 한 몸에 받고 있다.

언제부터 거기에 서 있었을까. 손끝에 물을 묻히지 않

고 누구보다 먼저 유행하는 새 옷을 갈아입는 멋쟁이다. 한껏 치장하고 서서 삶의 고단함 따위는 모를 것 같다. 그러나 입고 싶은 옷을 입고, 때가 되면 집으로 돌아가는 창밖의 여자가 부러운지 쳐다보는 눈빛에 쓸쓸함이 묻어난다.

마네킹의 마음을 아는지 모르는지 여자가 유리창을 거울삼아 모자를 벗어 탈탈 털더니 꾹 눌러쓴다. 비라도 한 줄기 쏟아지면 좋겠다는 듯 눈을 찡그리며 하늘을 쳐다본다. 다시 물 한 모금을 마시고 전단을 챙겨 들며 손목시계를 본다. 아이가 학교에 갔다 올 시간이라도 된 걸까. 뜨거운 길 위에 서 있는 여자나, 시원한 그늘에 서 있는 마네킹이나 고달프긴 마찬가지일 것 같다.

여자는 무거워 보이는 전단 뭉치를 툭 치며 차갑고 무표정하게 서 있는 마네킹을 바라본다. 그녀의 얼굴에 살짝 미소가 흐른다. 마네킹을 향해 가족이 기다리는 집으로 빨리 가야 한다고 말하는 것 같다.

시원한 찻집 이층에 앉아서 그녀들을 바라보는 나도 덥

다. 시계를 본다. 한 무리의 젊은이들이 찻집을 나가 땡볕으로 들어선다. 이제 나도 일어설 시간이다.

꽃무늬 바지

● ● ●

 장롱을 정리한다. 서랍 맨 아래 포장지에 곱게 싸인 옷이 보인다. 반갑다. 첫눈에 마음에 들어 덥석 사놓고 제대로 입어보지 못한 바지다. 세월이 흘렀어도 꽃무늬는 여전히 생생하다. 바지를 들고 이리저리 마음을 재던 조금은 젊었던 날의 내가 떠오른다.
 이십여 년 전, 백화점 의류 판매장을 돌다가 마네킹이 입고 있는 바지가 눈에 들어왔다. 지중해 바다색에 초록빛 나뭇잎과 빨간 장미꽃이 크게 그려져 있었다. 그 옆엔 자잘한 흰 장미, 분홍 장미 들이 무리를 지어 활짝 피었다. 언뜻 해당화가 만개했던 바닷가가 떠오르며 마음이 환해졌다.

하지만 무늬가 너무 화려해서 망설여졌다. 눈치 빠른 점원이 똑같은 바지를 들고 나오더니 사지 않아도 되니까 한번 입어보라고 했다. 못 이기는 척 입었다. 길이와 품이 딱 맞았다. 무엇보다 사방으로 늘어나서 편했다. 가격이 만만찮았지만 큰마음 먹고 들고 왔다.

장미꽃이 활짝 핀 바지에 밤색 티셔츠를 입고 친구를 만나러 갔다. 바지가 몸에 착 감기는 게 기분이 좋아 발걸음이 빨라졌다. 그런데 약속 장소에서 만난 친구는 내 얼굴을 빤히 쳐다보더니 "웬 꽃 바지!" 하며 의아해했다. 늘 무채색 옷을 입더니 오늘은 무슨 바람이 불었느냐고 물었다.

마음이 불편해졌다. 갑자기 남의 바지를 빌려 입은 느낌이 들었다. 지나가는 사람들이 내 다리만 쳐다보는 것 같았다. 집에 와서 다시는 안 볼 것처럼 벗어던졌다. 한번 입었으니 교환할 수도 없었다. 그래도 왠지 다른 사람에게 주고 싶지는 않았다. 포장지에 곱게 싸서 장롱 서랍 맨 아래에 넣었다.

 이 바지를 입고 거리를 활보하지도 못할 거면서 왜 샀을까. 값이 싸지도 않고, 남의 눈에 띄는 걸 좋아하지도 않으면서 말이다. 직장에 다니며 늘 시간에 쫓기는 나는 베이지색 블라우스에 검은 바지를 주로 입었다. 시간이 가장 적게 드는 차림이었다. 시어머니와 함께 살다 보니 차려입고 외출할 일도 줄어들었다. 내 옷장에는 화려한 색이 스며들 틈이 없었다. 그런 나에게 고운 색을 입히고 싶었을까. 그냥 화사한 옷 하나쯤 가지고 싶었는지 모른다.

 아쉬움을 털듯 먼지를 탈탈 털고 입어본다. 꽉 조여서 불편하다. 옷은 그대로인데 내 몸이 변했다. 나잇살이 붙은 데다 키도 줄어들었나 보다. 바짓단이 발등을 덮는다. 몸에 맞추느라 늘어난 바지의 꽃들은 한층 만발하다.

 이제는 남을 의식하지 않고 입을 수 있을 것 같아서 수선집에 들고 갔다. 바느질하던 주인이 옷을 뒤집어서 이리저리 살피더니 늘여야 할 곳이 많아서 수선비가 꽤 든다고 한다. 버리고 새 옷을 사 입을까 하다 그냥 고쳐 달라고 맡긴다. 괜히 가슴이 두근거린다.

길을 가다 보면 이보다 더 현란한 무늬의 옷을 입고 다니는 사람도 많다. 요즘은 나이가 들수록 밝게 입어야 한다고도 한다. 몸은 늙어도 마음은 젊게 살아야 한단다. 아이러니다. 어쩌면 꽃무늬 바지는 펼칠 수 없었던 내 젊은 날의 꿈들이 날염 된 옷인지도 모른다.

수선집에서 찾아온 바지를 펼쳐본다. 날씬하던 바지가 펑퍼짐하다. 허리에 고무 밴드를 잇대어 늘인 바지를 입어 보니 편안하다. 새 옷을 사 입은 것처럼 거울 앞에서 이리저리 비춰본다. 이 옷을 살 때만 해도 두루뭉술한 몸을 흔들며 다니는 사람을 보면 나하고는 전혀 상관없는 줄 알았다. 그런데 거울 속에 서 있는 나를 보니 쿡 웃음이 나온다.

오랜만에 동창 모임이 있는 날이다. 장미꽃이 활짝 핀 바지에 진한 호박색 모직 재킷을 입고 나간다. 하늘은 쾌청하고 거리엔 노란 은행잎이 폴폴 날린다. 찻집에서 한

바탕 반갑게 인사를 나눈 후, 한 친구가 물었다. 못 보던 바지인데 언제 그런 예쁜 바지를 사 입었냐고 묻는다. 이십 년 전에 샀는데 부끄러워 못 입었다고 했더니 눈을 흘기며 큰소리로 웃는다. 이 바지가 어때서! 아무도 관심 없는데 혼자 고민했구먼, 한다.

 그 말을 들으니 가슴이 저릿하다. 나쁜 짓 하다 들킨 것처럼 화들짝 벗어던질 것까진 없었다. 괜히 남이 어떻게 생각할지 쑥스러워하고, 나에게 어울리지 않는 옷이라고 단정했던 것 같다.

 세월이 흐르면 몸만 늙는 게 아니라 부끄러워하는 마음도 퇴색하는 것 같다. 요즘의 나는 무뎌진 건지 뻔뻔해진 건지 화려한 꽃무늬 바지를 입고 영화를 보고, 커피를 마시고, 가로수 길을 아무렇지도 않게 걸어 다닌다. 예기치 않은 좋은 일이 생길 것 같은 상상까지 하면서 말이다.

공중전화 부스

...

저녁 바람을 쐬러 나온 길이다. 골목을 벗어나 큰길로 나오니 자동차 소리와 사람들로 붐빈다. 일과가 끝난 시간이라 바쁘게 걷는 사람들 속에 휩쓸려 천천히 걷는다. 저만치 도로 한쪽 가로등 옆에 공중전화 부스가 서 있다. '어, 웬 공중전화!' 이 큰 도로변에 부스가 있는 것을 보면 찾는 이가 영 없는 건 아닌 모양이다. 핸드폰이 없거나, 통화한 흔적을 남기고 싶지 않은 사람들이 이용할까. 그도 아니면 누구의 방해도 받지 않는 공간에서 할 말, 못 할 말을 쏟아 놓을 장소가 필요한 사람이 찾는지도 모른다. 오래전부터 거기 있었던 것 같은데 무심히 지나쳤는지 처음 보는 것 같다.

문득 통화가 되는지 궁금해진다. 부스 손잡이가 헐겁다. 문을 밀고 들어간다. 삐걱거리는 소리에 주춤한다. 찾는 이가 별로 없나 보다. 유리벽은 군데군데 얼룩이 졌고 빨간색 매직펜으로 흘려 쓴 '사랑해', '엄마' 등의 낙서도 흐릿하게 남아 있다.

수화기를 들고 귀에 대어본다. "주화나 카드를 넣으세요."라는 기계음이 우리말과 영어로 나온다. 나도 모르게 주머니에서 동전을 꺼내 넣는다. "뚜-" 발신음이 울린다. 누구에게 걸까?

눈앞에 보이는 번호판을 보자 갑자기 멍해진다. 안부를 주고받던 친구들의 전화번호가 생각나지 않는다. 아니 모른다고 하는 게 맞다. 버튼 하나만 누르면 통화가 되니 번호를 머리에 입력시키지 않고 수첩에 적지도 않는다. 그러다 보니 가까운 이들의 번호를 알 리가 없다.

언젠가 이런 일이 생길 수 있으리라 여겼는데 막상 부

딪히니 당황스럽다. 첨단 기술이 인간의 삶 곳곳에 파고들어 날로 편리해지는데 어째 나는 자꾸 뒷걸음치는 것 같다. 무언가를 조금씩 잃어버린다.

옛날 공중전화는 벽에 걸리거나 탁자에 얹힌 조그만 빨간 전화기였다. 목소리가 크거나, 애교가 잔뜩 묻어나는 아가씨가 통화를 하면 지나가는 이가 발걸음을 늦추며 돌아보곤 했다. 더러는 전화기에 매달려 눈물을 훔치는 이도 있었다. 그럴 때 주위 사람들은 못 본 척 외면하기도 했다. 한편 급히 통화를 해야 하는데 동전을 계속 넣으며 수화기를 오래 잡고 있으면 삿대질하고 윽박지르는 해프닝도 여럿 있었다.

철들기 전부터 혼자 길 나서길 좋아했던 나는 간이역이나 시외버스 정류소에서 빨간 공중전화가 보이면 반가웠다. 엽서를 쓰고 우표를 붙이듯 동전을 넣고 번호를 눌렀다. "짤랑" 동전 떨어지는 소리가 들리고 "나야" 하고 이야기를 나누면 멀리 있는 이의 목소리가 가깝게 들렸다. 그러면 왠지 가슴이 아릿해지곤 했다. 그렇게 공중전화는 소식을 전하고 그리움을 실어다 날랐다.

수화기를 제자리에 걸었다. "철컥" 차가운 금속음이 등을 훑고 지나간다. 순간 부스는 도시 속의 섬이 된다. 유리벽 너머로 꼬리를 물고 달리는 자동차들의 행렬이 요동치는 파도처럼 보인다. 지나가는 사람 누구도 관심이 없다. 하루가 다르게 변해가는 세상 흐름에 따라가지 못하고 그 자리에 멈춰 서 있는 부스. 오지 않는 사람을 기다리는 전화기처럼, 아무에게도 다가갈 수 없는 나도 이 섬의 주민이다. 스치는 바람 소리에도 귀를 세웠을 전화기의 외로움이 전해온다.

요즘의 나는 전화할 일도, 전화가 오는 일도 뜸해졌다. 바쁘기만 한 세상에서 누군가에게 방해가 될까 봐 조심스러워 전화기만 만지다 말 때가 잦다. 스스럼없이 이야기 나누던 친구는 손자를 보느라 시간이 없다. 마음이 울적할 때 목소리만 들어도 위안이 되던 친구는 돌아올 수 없는 곳으로 떠나버렸다.

얼마 전 버스를 타고 가다 뒷좌석에 앉은 젊은 여인

둘이 하는 이야기를 들었다. "노인네가 주책없이 전화를 불쑥불쑥하는 바람에 짜증 난다."는 볼멘소리였다. 나 들으라고 한 말은 아닌데, 듣는 순간 화가 났다. 그러나 필요하지 않은 전화를 시도 때도 없이 한다면 역정도 나겠다는 생각이 들었다. '당신도 잘 기억해 두시라.'고 한 말 같아 씁쓸했다.

전화기 번호판의 몇몇 숫자들은 지워져 있다. 그 숫자들을 거쳐 갔을 손끝을 생각한다. 다시 수화기를 들고 지워진 번호들을 눌러본다. 묵묵부답이다. 아니 이미 지나간 시절은 오지 않는다고 단호한 침묵으로 대신하고 있다.

거리에 어둠이 내린다. 무심코 흘러가버린 세월 속에 홀로 남겨진 섬을 지나치는 자동차 불빛이 휘황하다. 얼룩진 유리벽에는 선뜻 수화기를 내려놓지 못하는 내 얼굴이 비친다.

매화역

· · ·

　좁은 역사를 천천히 빠져나오니 쌀쌀한 강바람이 마중한다. 발을 뻗으면 강에 닿을 듯한, 완행열차만 서는 조그만 역. 내리는 사람은 단 네 사람뿐이다. 12월의 매화역은 바람이 주인이다.
　좁은 마을을 한 바퀴 돌아본다. 낡은 고샅길 담벼락엔 옛날 만화방, 이발소 등의 벽화를 그려 놓았지만 사람 그림자 하나 없이 조용하다. 비스듬한 언덕배기 채마밭엔 뽑고 남은 배추 몇 포기와 잎이 누런 대파가 추위를 견디고 있다. 허공에 뻗은 매화나무 앙상한 가지가 춥다. 이 동네가 언제 그렇게 환하고 복작거릴 때가 있었나 싶다.

  몇 해 전, 매화꽃이 절정일 때 왔었다. 역은 사람들로 발 디딜 틈이 없었다. 길가엔 차들과 사람들로 북새통을 이루었고, 온 마을이 꽃 잔치로 들떠 있었다. 눈 가는 곳마다 흰 꽃, 붉은 꽃이 마을을 덮고, 바람이 불 때면 하얀 꽃비가 흩날렸다. 갖가지 물건을 파는 상인들도, 꽃그늘 속을 노니는 사람들도, 모두 환한 꽃이었다. 찬바람에 옷깃을 여며야 했지만 활짝 핀 매화가 추위를 잊게 했다. 기차가 역으로 들어오면 꽃과 기차와 강물이 어우러진 찰나의 풍경을 카메라에 담느라 열심히 셔터를 눌렀다. 축제가 영원히 끝나지 않을 것 같았다.

  저만치 허리 굽은 노인이 천천히 걸어간다. 역에서 누군가를 전송했는지 떠나는 기차를 애틋하게 바라보며 눈물을 훔치던 그 노인이다. 잠시 찾아온 자식을 떠나보냈는지 발걸음이 무겁다. 말동무라도 해드릴까 하다 남기고 간 피붙이의 온기를 만지작거리고 있을 것 같아서 그만둔다.

문득 저 노인도 만화방창한 시절이 있었다는데 생각이 미치자 가슴 한쪽이 내려앉는다. 철모르던 풋풋한 청춘도 가고, 결혼하고, 아이 낳아 키우던, 꽃 피던 시절도 다 보낸 시든 나무. 처진 어깨가 안쓰러워 다독여 주고 싶다. 노인도 한때는 이 역에서 가슴 벅찬 해후로 세상을 다 가진 듯 행복했던 날들도 있었으리라.

찬바람 부는 이 길을 걷는 나 역시 저 노인과 다를 바 없다. 꽃이 피었다 지면 푸른 잎 나고, 다시 꽃 피는 줄 알았던 세월은 어느새 저 멀리 가버렸다. 꿈을 향해 날고 싶어 몸부림치던 열정도 사라진 지 오래다. 그리고 사그라지는 불꽃처럼 모든 게 덧없다는 생각이 들 때가 잦다.

기차를 타고 올 때, 건너편 좌석에 앉았던 노인이 "한평생 일만 하다 허리가 기역으로 꺾였어. 이제 좀 쉬어야겠다 싶었는데 저승이 코앞이요." 하던 말이 마른기침처럼 한 번씩 목에 턱턱 걸린다.

강이 보이는 찻집에서 누군가를 기다리고 싶어 기차를 탔다. 아무리 기다려도 오지 않을 줄 알지만 기다려 보고 싶었다. 얼마 전, 우울증으로 세상을 등진 친구의 고향이 이곳이다. 이따금 고향 이야기를 할 때면 어릴 때 잃은 엄마 이야기로 눈시울이 붉어지던 친구. 그는 정이 넘치고 해맑은 미소가 아름다운 사람이었다. 떠나기 몇 달 전, 원동역 근처 찻집이라며 전화를 해왔다. 강이 보이는 찻집이 좋으니 한번 와보라고.

언덕 위 그 찻집에 앉았다. 산 그림자 드리운 짙푸른 강물이 한눈에 들어온다. 유속도 깊이도 알 수 없는 인생 같은 강. 소리 없이 흐르는 강물이 가고는 오지 않는 세월 같다. 혼자 고향을 찾은 그녀는 어디쯤 앉아서 나를 생각했을까. 먼저 떠난 그녀가 야속하다. 흐르는 저 강물에 마음 한 자락 실어 보내버렸다면 아픔이 좀 가벼워졌을 텐데. 때가 되면 서두르지 않아도 가야 할 차례가 온다. 눈 아래 철로엔 쉼 없이 기차가 지나가고, 다시는 볼 수 없는 그리운 얼굴이 스쳐 간다.

눈이 내릴 것 같다.

울기 좋은 곳

• • •

 피카소의 명화 〈우는 여인〉을 보고 있다. 손수건으로 입을 막고 주체할 수 없이 눈물을 쏟아낸다. 그녀는 왜 저토록 우는 걸까. 사는 게 고통스러워서일까? 아니면 연인이 떠나버렸을까? 울음소리는 들리지 않지만, 그녀는 캔버스가 흠뻑 젖도록 울고 있다.
 나는 어릴 때부터 잘 우는 아이였다. 누가 왔다 가면 섭섭해서 울고, 갖고 싶은 것이 있거나 야단맞을 일이 있으면 미리 훌쩍였다. 끼니를 건너뛰기 예사이던 시절, 보리밥도 감지덕지해야 할 때인데 보리밥이 싫어 눈물을 흘렸다. 옆에서 친구가 울면 영문도 모르고 덩달아 울기도 했다.

나이가 들어가면서 울 일이 더 많아졌다. 일찍 사회생활을 하는 것도 버거웠고, 세상엔 내 힘으로 할 수 있는 게 너무 없어서 가슴이 시리고, 아팠다. 결혼하니 새로운 사람들과 어울려 사는 것이 고달팠다. 소리 내어 울고 싶은 날이 많았지만, 마음이 후련하도록 울 수 있는 곳이 없었다. 밖은 물론이고 집 안에는 아이들과 시어머님이 계시니 내색도 못했다. 우물 바닥 깊숙이 고여 있는 물처럼 젖어 있는 날이 많았다.

이따금 속내를 풀어놓는 친구 K가 그럴 땐 노래방에 간다고 했다. 음향을 한껏 높여 놓으면 큰소리로 울기 딱 좋은 곳이라고 했다. 귀가 솔깃했다. 사는 게 만사 시들하고 우울한 날, 노래방에 갔다. 전투에 나가기 전 군인이 탄환을 장전하듯 손수건도 여러 장 챙겼다. 대낮에 혼자 들어가기가 좀 멋쩍었지만, 눈 질끈 감고 주인이 안내해 준 방에 들어갔다.

그런데 이게 웬일인가! 반짝이며 돌아가는 조명등과 쿵 작거리는 소리에 귀가 먹먹하고 머리가 어지러웠다. 이게 아닌데, 이게 아니지! 하며 폭신한 의자에 털썩 주저앉고 말았다. 한참을 그러고 있으니 묘하게 리듬이 느껴졌다. 울고 싶던 맘이 저만치 달아났다. 슬며시 노래책을 뒤적였다. 한 시간이 후딱 지나갔다. 그 방을 나올 때는 목이 얼얼해서 물을 연거푸 마셨다. 눈물은 노래가 걷어갔다.

한동안 태풍 예보가 있는 날이면 바다에 갔다. 우 우 거친 소리를 내는 파도가 갈기를 세워 머리채를 풀어헤치고 바위에 부서지고 있었다. 먼 산골짜기에서부터 발원한 물이 시내가 되고, 강물이 되어 온갖 티끌들을 싣고 와 이른 바다. 그 모든 날것을 받아들이던 바다가 안에서 들 끓는 울분을 터뜨리고 있었다. 차곡차곡 바다 깊숙이 품고 있던 것들을 모조리 털어내고 있었다.

파도 소리에 묻혀 여기서는 실컷 울어도 되겠다 싶었다. 그러나 주위를 둘러보니 소문난 굿판 구경하러 온 것처럼 사람이 많았다. 멀찍이 떨어져 있어도 자칫하면 파도에 쓸려갈 듯해서 '우! 우!' 소리만 지르다 돌아왔다. 파도가 나 대신 섧게 울어주었다.

남의 이목을 생각하지 않고 마음 놓고 울 수 있는 곳은 엄마 산소였다. 거기는 원래 울기 위한 장소다. 물꼬가 터지듯 엎드려 흐느껴도 스치는 바람도 지나가는 사람조차도 아는 체하지 않았다. 어두컴컴한 하늘이 소나기 한바탕 쏟아내고 나면 환해지듯, 울고 나면 체증같이 답답하던 가슴이 트였다.

다섯 식구가 복작거리던 집에 남편과 둘이 지낸다. 좁다 싶었던 집이 이젠 넓다. 울기에 딱 좋다. 그런데 요즘 나는 슬픈 일도, 화가 나는 일도 세월에 삭아버렸는지 무덤덤해졌다. 아니면 생각 없이 사는지 언제부턴가 소리 내어 울지 않는다. 꼭 울어야 하는데 눈물이 나오지 않아 곤혹스러울 때도 있다. 그 많던 눈물은 어디로 갔을까. 울일이 줄어든 만큼 목젖이 보일 만큼 웃을 일도 그만큼 줄어들었다.

하지만 가슴속 물이 바짝 마른 우물까지는 되지 않은

것 같다. TV를 보다 경기장에서 태극기가 올라갈 때나, 해 질 무렵 층층이 내려앉는 노을빛이 아름다워 눈가가 젖는다. 그리고 혼자 앉아 먼 곳 바라보는 노인의 등을 보면 나도 모르게 눈시울이 뜨거워진다.

그림 속 여인은 아직도 울고 있다. 문득 엄마 산소에 가고 싶다.

까치와 왜가리

・・・

 까치 소리가 요란하다. 베란다 창문을 열고 무슨 일인가 주변을 살핀다. 왜가리 한 마리가 키 큰 소나무 위에 앉아 있다. 그 앞에 조그만 까치 한 마리가 꽁지를 바짝 세우고 자지러질 듯이 우짖는다. 성가시게 하지 말라는 엄포인지 왜가리가 고개를 쑥 빼 들고 이리저리 주위를 살피며 '꽥' 하고 으름장을 놓는다.
 잠시 후 예닐곱 마리의 까치가 떼를 지어 날아온다. 까치들은 왜가리를 빙 둘러싸며 날카로운 기세로 깍깍거린다. 어리둥절한 왜가리가 슬금슬금 뒷걸음을 치더니 긴

다리를 쭉 뻗고 쥘부채를 펼치듯이 날개를 펴고 날아오른다. 까치 무리가 따라가며 소리를 지른다. 여기에 얼씬거리지 말라고 집단공격으로 텃세하는 것 같다.

아파트 단지 안에는 나무가 우거져 숲이 되었다. 바람이 불면 쏴 하는 소리가 저희끼리 웃고 떠드는 것 같아 기분이 좋아진다. 연못가엔 각종 물풀과 꽃들이 피고 진다. 사람과 나무와 꽃이 제각기 질서를 지키며 공존하듯이 새들도 저희끼리 번지수를 정해 놓고 공생하는 것 같다. 까치, 참새, 비둘기, 직박구리 외 여러 종류의 새들이 끼리끼리 모여 있는 것을 자주 본다.

주인 행세를 하는 까치도 처음부터 여기 주민은 아니었을 것이다. 바람 많은 천변 근처에 살다 이곳에 몇 번 와보곤 거처로 정했는지 모른다. 비바람이나 들짐승을 피해서 일가를 이루기에 안성맞춤이라며 한쪽 귀퉁이에 둥지를 틀었을 것이다. 터줏대감을 자처한 새가 있었다면 온 힘을 다해 싸우고 버텨 세력을 키우고 영역을 넓혔지 싶다.

얼마 전 아파트에 펜스를 설치했다. 가까운 곳에 전철역과 버스 정류장이 있어 사방팔방으로 트여 있는 이곳을 통과하는 외부인이 많았다. 더러는 나무 그늘에 쉬어가기도 했다. 그러다 보니 여러 가지 부작용이 있었나 보다.

처음부터 설치되어 있었으면 그러려니 했을 텐데 나무가 우거질 만큼의 세월이 흐른 지금에 와서 새삼스럽게 발길을 막는지 담당자에게 물었다. 깨끗한 환경과 안전을 위해서란다. 낯선 이들이 시도 때도 없이 아파트 이곳저곳을 기웃거리니 주민들이 불안하다. 뿐만 아니라 일회용 쓰레기나 음식물 쓰레기, 애완동물의 배설물이 버려져 있어 눈살을 찌푸리게 한다고 했다. 주민을 위해서라니 할 말은 없다. 하지만 아파트 밖으로 나가거나 들어올 때면 지문이나 카드를 작동해야 하니 번거롭다. 타지에 있는 아이들이 오거나 친구가 와도 여간 불편한 게 아니다.

펜스는 내 구역에 들어오면 안 된다고 선을 긋는 영역 표시다. 여기는 이만큼, 저기는 저만큼. 눈에 보이게 혹은 보이지 않게 수많은 경계를 짓는다. 사회라는 커다란 공동체 안에 살면 행동이나 예의, 규범 등을 서로 잘 지켜야 함께 지낼 수 있다. 종교나 학교, 직장에서도 마찬가지다. 만용이나 허세를 부린다면 경계선 밖으로 밀려나게 된다.

사람과 사람 사이에도 미묘하고 견고한 벽이 있다. 눈에 보이지 않지만 유리문처럼 선을 그어놓고 저만치서 넘겨다보는 이들이다. 마주 보아도 그림자를 보듯 아무 말도 하지 않는가 하면, 터무니없이 흠집을 잡아 어리둥절하게 만들기도 한다. 그래서 마음에 벽을 쌓지 않는 원만한 사람을 만나면 그렇게 기분이 좋을 수가 없다.

한때 나 역시 남에게 당치도 않게 잣대를 들이대었다. 말이 거칠거나 약속을 잘 지키지 않으면 자연스럽게 멀리하면서 크고 작은 옹벽을 쌓았다. 어느 날부터 그들은 까탈스럽다거나 차가워서 다가서기가 어렵다고들 했다. 내가 친 벽에 내가 갇힌 셈이었다. 요즘 같으면 적절하게 대응할 수도 있었을 텐데 그땐 남들과 소통하고 이해하는 데 인색했다.

가까운 온천천에는 왜가리와 까치, 해오라기 등 많은 새가 산다. 사철 터를 잡고 사는 텃새도 있고, 계절 따라 먼 곳에서 날아와 한철을 살다 가는 철새도 있다. 새들은 우리가 모르는 규칙이 있는지 크게 다투지 않고 어울려 지낸다.

어느 날 천변을 걷다가 잠시 쉬어가느라 물가 바위에 앉았다. 느긋하게 흐르는 물소리에 귀를 맡기고 주변을 돌아보았다. 건너편 바위 언덕에 박제된 새처럼 앉은 왜가리와 해오라기가 눈에 들어왔다. 깊은 생각에 잠겼거나, 낮잠을 즐기는 것 같았다. 순간, 물가에 사는 새들은 흐르는 물처럼 경계라든가 배타적인 구역 같은 건 초월한 것같이 보였다. 그래서 서로가 욕심 없이 자유롭게 살아가는구나 싶었다.

왜가리와 까치가 떠난 창밖을 우두커니 바라본다. 보드라운 햇살이 여린 나뭇잎을 만지작거리고 있다. 담장도 없이, 대문도 달지 않고 살던 시절이 그리 멀지 않은 것 같은데 철문을 걸어 잠가놓고도 불안한 시대에 산다. 옛날

보다 가진 게 훨씬 많고 풍족한데도 자꾸 작아지는 내 모습이 보인다. 대문은 닫혀 있어도 마음은 천변에 사는 새처럼 열려 있으면 좋겠다.

분실물

...

 버스를 타고 보니 쇼핑백이 찢어져 있다. 넣어 둔 운동화 한 켤레는 그대로 남아 있다. 비 오는 날 종이 가방을 들고 나온 게 잘못이다. 물에 젖어 벌어진 구멍이 심상찮다. 무언가 그곳을 통해 흘러 나간 게 분명한데 생각이 나지 않는다.
 '그게 뭐였지?' 뭔가 중요한 것을 쇼핑백에 넣었는데 뭘 넣었지? 어깨에 짊어진 가방을 열어 뒤져보니 지갑이 없다. 가슴이 철렁 내려앉는다. 내 상황과는 아랑곳없이 버스는 비 오는 도로를 내달리고 있다.

다음 정류소에서 내린다. 빗줄기는 여전하고 마음은 콩볶듯 조급하다. 택시를 탄다. 지갑이 없으니, 차비가 없다. 다행히 바지 주머니에 카드 한 장이 있다. 목요시장 입구에 내려서 길바닥을 샅샅이 살핀다.

시장에서 오디를 사고 지갑을 쇼핑백에 넣었던 게 생각난다. 금방 다시 쓸 건데 가방에 넣는 게 귀찮았다. 그러나 좁은 시장 골목은 비도 오고 오후 장이라 살 만한 게 없었다. 시장 입구 쪽으로 나오니 상인이 처음 수확한 블루베리를 사 가라고 간절한 눈빛을 보냈지만, 다음에 오겠다고 했다. 그냥 그때 블루베리를 샀더라면 지갑을 잃어버리지 않았을지도 모른다.

몇몇 상인에게 혹시 빨간 지갑을 못 보았느냐고 물어본다. 아무도 본 사람이 없다. 몸에서 뭔가가 쑥 빠져버린 것같이 허탈하다. 모두 나를 외면하고 못 본 척하는 것만 같다. 늘 오던 시장인데 왠지 거리가 낯설어진다.

힘이 쭉 빠져 집에 오니 남편이 일찍 와 있다. 털썩 주저앉으며 지갑을 잃어버렸다고 말한다. 자초지종을 듣더니 비 오는 날 종이 가방을 들고 다니면 어쩌느냐며 핀잔을 준다. 카드는 왜 몽땅 지갑에 넣어 다니는지 이해가 안 된다며, 안경처럼 줄을 해서 가방에 걸고 다니라고 한다.

콩물 끓듯이 속이 부글부글 끓어오르지만, 꾹 누른다. 한마디만 더 들었다가는 훅 끓어 넘친 콩물처럼 뒤죽박죽이 될 것 같다. 다행히 남편은 잔소리를 끊고 그곳에 가 보자며 앞장선다. 나는 이미 다 둘러보고 왔으니 가볼 필요가 없다고 짜증을 내다 마지못해 따라나선다.

시장엔 손님도 없고 파장 준비를 하고 있다. 바닥은 말끔히 청소되어 있고 지갑은 여전히 흔적도 없다. 안면이 있는 이들이 못 찾았느냐고 걱정스럽게 묻기도 하고, 주우면 가져가지, 누가 주겠느냐며 고개를 좌우로 흔든다. 안됐다는 표정이 역력하다.

시장과 연결된 시청 옆문으로 들어가 안내원이 상주하는 사무실로 간다. 두어 시간 전에 지갑을 잃어버렸는데 혹시 분실물 들어온 게 없느냐고 묻는다. 분실물이라 발음하는데 울컥 목이 멘다.

"혹시 이것인가요?"

복권이 당첨되었을 때의 마음이 이러할까. '제발' 하던 간절한 마음이 맞아떨어졌을 때의 떨림과 안도감과 고마움이 교차한다. 두어 시간 짓눌렸던 우울한 마음이 훅 날아간다. 안내 직원은 어느 노인이 맡겨놓고 갔다고 한다. 고맙다고 인사를 하고 지갑을 열어보니 돈과 상품권, 카드 등이 그대로 있다.

지갑도 한동안 낯선 공간에 있다가 나를 만나서 반가운지 표정이 환하다. 나도 가만히 쓰다듬어 준다. 먼 이국의 섬세한 장인의 손을 떠나 나를 따라온 지갑이다. 말은 못 해도 비 오는 거리에 떨구고 간 나의 무심함에 당혹스러웠을 것이다. 우리 주변에도 내 것이 아니면 탐하지 않는 아름다운 사람이 있다는 사실에 지갑 하나를 선물 받은 것같이 기쁘다.

문득 오래전 한적한 시골길에서 만났던 노인이 생각난다. 행색이 추레해서 어디 가시느냐고 물었다. 집에 간다며 히죽히죽 웃었다. 마을과 동떨어진 곳이라 집이 어디냐고 하니 엉뚱한 대답이었다. 전화번호도 아는 것이 없었고 자녀 이름도 모른다고 손을 내어 저었다.

노인은 어디에 정신을 잃어버렸을까. 끼니를 거른 것 같아서 가방에 있던 빵과 물을 드렸다. 반갑게 허겁지겁 드시더니 더 없느냐고 손을 내밀었다. 자존심이나 체면 같은 건 잊고 먹을 것만 기억하는 순한 노인의 눈을 보니 와락 눈물이 났다.

그 노인에게 자식들이 있다면 지갑을 잃었던 나처럼 어머니를 찾아 동분서주했을 것이다. 가실 만한 곳을 더듬고 뭔가 자신들이 소홀했던 점을 자책하면서 마음을 졸였지 싶다. 그러나 지갑은 잃었던 범위가 한정되어 있지만, 노인은 발길 가는 대로 다니니까 찾기가 어려웠을 것이다. 가까운 파출소에 모셔다드리고 왔는데 며칠 우울했다.

오늘도 잠은 오지 않고 생각이 많아진다. 얼마 전만 해도 친구들을 만나 지나간 이야기를 할 때면 나더러 기억력이 좋다고들 했다. 그런데 요즘은 단어가 잘 생각나지 않아 한참을 머뭇거린다. 깜빡깜빡하는 건 예사다. 돋보기도 수시로 잃어버리고 핸드폰도 종종 놓고 온다. 서점에서 산 책은 두고 계산만 하고 온다든가, 카드를 두고 오기도 한다.

언제부턴가 나도 모르는 사이에 많은 걸 흘리고 다닌다. 그러다 어느 날 종이 쇼핑백 속의 지갑이나, 길에서 만난 노인처럼 '나'를 잃어버릴지도 모르겠다. 정신줄 단단히 잡고 살 일이다.

말랑말랑해지다

...

잘 불린 콩을 믹서에 간다. 드르륵드르륵 기계음이 들리는 순간 콩은 형체가 없어진다. 만져보아서 콩 알갱이가 만져지지 않으면 끝. 그것을 헝겊 주머니에 붓고 꾹 눌러 짜니 우유같이 하얀 콩물이 나온다. 비지만 남고 콩물이 씻겨 나오게 여러 번 물을 부어가면서 반복한다. 보통은 콩물을 끓여서 짠다고 한다. 그러나 그렇게 하면 뜨겁고 불편할 것 같아서 그냥 내가 편한 방식으로 한다.

콩물을 냄비에 부어 센 불에 끓인다. 이 하얀 물이 두부가 된다니 신기하다. 잘되라고 주술을 걸듯이 조심스럽게 주걱에 힘을 준다. 바닥에 잘 눌어붙기 때문에 지켜서서 저어주어야 한다. 잠시 눈을 딴 곳으로 돌리면 금방 넘친다. 나에게 올인 하지 않으면 맛있는 두부는 꿈도 꾸지 말라는 경고다. 그럴 땐 요것 맛 좀 보란 듯 찬물을 휙 끼얹어 주면 금방 가라앉는다.

뽀얀 콩물이 폭폭 끓는다. 구수하고 달큰한 냄새가 온 집안에 퍼진다. 위에 뜨는 거품을 걷어내고 가마솥에 밥 뜸 들이듯 가스 불을 약하게 한다. 준비해 둔 간수를 냄비 가장자리로 조금씩 뿌리면서 저어준다. 반가운 손님을 기다리느라 대문 주변을 서성이듯이 냄비 근처를 떠나지 못한다.

두부가 되긴 되는 걸까? 슬슬 불안해질 때쯤, 구름같이 몽글몽글 두부가 엉긴다. 소금의 눈물 같은 간수가 바다 냄새를 퍼뜨리면서 물과 콩의 경계를 확실히 해준다. 순두부다.

그냥 먹어도 되지만 두부를 만들려고 한다. 사각 틀에 베 보자기를 깔고 순두부를 붓고 바닷가에서 주워 온 묵직한 몽돌을 얹어 놓는다. 돌은 처음 앉아보는 곳이라 어색한지 몇 번 안절부절못하다가 점잖게 자리 잡는다.

두부는 특별한 맛이 있는 것도 아니면서 대부분의 사람이 좋아한다. 영양이 풍부하고 부드러워 김치를 얹어 생으로 먹거나 두부 부침을 해도 맛있다. 채소나 생선, 육류와도 잘 어우러져서 두부전골이나 김치찌개, 동태찌개에 넣어도 괜찮다. 요즘은 다이어트 식품으로 인기가 많다고 하니 자주 만들어야 하겠다.

며칠 전 언니가 집에서 만든 것이라며 따뜻한 순두부를 플라스틱 통에 조금 담아주었다. 먹어보니 시장에 파는 두부와는 달리 부드러우면서도 탄력이 있었다. 웬 두부냐고 물었더니 불린 콩을 항상 냉장고에 준비해 놓고, 먹고 싶을 때마다 조금씩 만든다고 했다. 어렵지 않고 재미도 있으니 해보라고 했다. 나도 두부를 좋아하니 만들어 보고 싶었다.

시골 장에 가서 흰 콩을 사고, 몇 해 전, 소금 자루에서 받아놓은 간수를 베란다 구석진 곳에서 찾아냈다. 싱

크대 안쪽에서 잠자고 있던 삼베 보자기와 두부 모양을 만들 통과 누름돌도 챙겼다. 생각했던 것보다 준비할 게 많았다.

두부는 시장이나 마트에 가면 쉽게 사 먹을 수 있다. 그러나 그 흔한 두부를 내가 만들어 보니 여간 일이 많은 게 아니다. 콩을 고르고, 물에 불리고, 갈고, 끓이니 시간이 오래 걸린다. 또 콩물 묻은 믹서, 베보자기, 자루, 냄비 등 뒷설거지할 게 많다. 하지만 물과 콩과 소량의 간수로 빚은 두부를 누군가가 달게 먹는 상상만 해도 흐뭇해진다.

옛날 어머니들처럼 맷돌에 콩을 갈아서 한다면 더 진한 맛이 날 것 같다. 마음 맞는 사람과 마주 앉아 한 사람은 콩을 넣고, 한 사람은 맷돌을 돌리노라면 콩은 갈아지지만, 사람의 정은 더 두터워질 테니까.

딱딱하고 동글동글하던 콩이 따뜻한 두부가 되었다. 시중에 파는 두부처럼 반듯하지는 않지만 희고 깨끗하다. 모서리를 살짝 뜯어 먹어본다. 수없이 사 먹어 본 두부에

선 한 번도 느껴보지 못한 고소한 맛이다.

어렸을 때, 이른 새벽 두부 장수에게 사서, 온 식구가 맛있게 먹었던 그 맛이다. 이웃과 나눠 먹어도 좋겠다. 기왕 손두부를 만들었으니 모두 먹으러 오라고 옛날 두부 장수처럼 딸랑딸랑 종을 울리고 싶다. 마음이 두부처럼 말랑말랑해진다.

그때, 그 바람

• • •

 오래된 책갈피에서 흑백사진 한 장이 떨어졌다. 사진 아래쪽에 '1965년 봄 소풍'이라고 쓰여 있다. 초등학교 6학년 봄, 태종대에서 찍은 사진이다.
 사진 속의 우리는 나름 잔뜩 멋을 내고 높다란 바위 위에 비스듬히 서서 포즈를 취했다. 나와 춘애는 부끄러운 듯 웃고 있고, 병숙이, 양춘이는 바람에 머리카락이 날린다. 햇빛에 눈이 부시는지 선자와 윤화는 잔뜩 찡그리고 있다. 이름만 불러도 정겨운 옛 친구들이다. 앞에 앉은 총각 선생님은 한쪽 다리를 쭉 뻗고 눈을 지그시 감고 계신다.

학교에서 태종대까지 포장도 되지 않은 먼 길을 걸어갔던 봄 소풍. 짝지와 손을 잡고 노래를 부르며 걸었던 봄날이 눈에 선하다. 소풍은 교실을 벗어나 바람을 쐬며 하루를 보내는 축제였다. 집안일을 돕거나 동생을 돌보는 그날이 그날 같은 일상에 신선한 환기창이었다. 책상에서 벗어나고 어른들의 시선에서 놓여난 방목된 하루였다.

그날 뿔뿔이 흩어져 나뭇잎이랑 돌멩이를 뒤지며 보물을 찾느라 한참을 다니다 보니 친구들이 보이지 않았다. 먼 곳에서 아이들 고함과 웃음소리가 들려왔다. 주위를 살펴보니 나 혼자 벼랑 끝에 서 있었다.

검푸른 바다가 햇빛에 눈을 반짝였다. 무섬증이 들었다. 혼자라는 서늘함이 가슴을 훑고 지나갔다. 한 발짝도 움직이지 않고 가만히 서 있었다. 바람이 얼굴을 쓰다듬어 주었다. 부드러운 손길이었다. 그리고 파도와 바위가 얼싸안고 연주하는 소리와 나무들이 속살거리는 소리가 들렸다. 바람이 귀를 열어주었다. 그때부터 나는 바람의 마력을 감지했던 것 같다.

그 바람은 빨랫줄에 펄럭이는 빨래처럼 숱한 날을 길 위에 서게 했다. 늘 먼 곳을 꿈꾸고, 기다리는 이 없는 간이역에서 서성이는 날이 많았다. 가진 것이 없어서, 가지고 싶은 것이 많아서 수없이 마음을 다쳤다. 아픈 엄마와 아버지와 넷이나 되는 남동생들 틈에서 날고 싶은 마음의 폭풍을 잠재우느라 수시로 아팠다.

한때 유행했던 병아리 감별사가 되어 미국으로 갈까 궁리하기도 했다. 눈 한번 딱 감고 비행기를 타면 새로운 나로 살 수 있을 것 같았다. 그러나 내가 없으면 식구들은 누가 챙길까 싶어 주저앉았다. 용기가 없는 나는 기차를 타고 떠돌이가 되거나 절벽에 부서지는 파도를 보며 먹먹한 가슴을 쓸어내리는 게 고작이었다.

벚꽃 비가 내리는 어느 날, 오랜만에 사진 속의 몇몇 친구들을 만났다. 어릴 때 살던 곳을 떠나지 않고 사는 태종대 토박이들이다. 그녀들을 만나면 옛이야기를 하느라 시간 가는 줄 모른다. 봄이면 송충이 잡기, 겨울이면 토끼풀 주기, 솔방울 줍기 등은 단골 메뉴다.

특히 여름에 수업이 끝나면 책 보따리를 들고 학교 앞 바다로 달려갔던 이야기를 할 때면 열서너 살 아이처럼 깔깔거리고 웃는다. 그땐 하얀 밀가루 무명 포대에 까만 물을 들여 팬티를 만들어 입는 집이 많을 때였다. 허리와 다리 부분에 고무줄을 넣어 큼직하게 만들었다. 그 커다란 팬티는 물에 들어가면 까만 풍선이 되어 여기저기 부풀어 올랐다. 그걸 서로 붙잡으려고 첨벙거리며 파도와 놀았던 천둥벌거숭이들이었다.

바람에 날리는 꽃잎 때문이었을까. 세월 참 많이 갔다며 친구들은 신산했던 삶을 실꾸리처럼 풀어낸다. 중학교에 못 간 설움, 별 보고 나가서 별 보고 집에 오던, 보세 공장 다녔던 과거사를 어제 일인 듯 들려준다.

짧은 한숨을 내쉬며, 눈 뜨면 밭에 가서 풀매고 거름 주는 일을 했다는 친구의 얼굴에 잠시 바람이 일렁인다. 깜깜한 새벽에 아버지가 채소를 팔러 갈 땐 어머니와 둘이 리어카를 밀고 영도다리를 건넜다. 땀으로 옷이 흠뻑 젖고 자갈치시장이 가까워지면 그제야 주위가 희붐해지더라는 전설 같은 옛일을 늘어놓는다. 태종대는 영도의 끝자락이고, 영도다리는 영도의 시작이다. 그 길이 영 끝날 것 같지 않았다고 말하며 생각하기도 싫다는 듯 고개를 젓는다.

식은 찻잔을 들며 싱긋이 웃고 있는 친구들을 바라본다. 고만고만한 단발머리 철부지였는데 저마다의 무거운 짐들을 등에 지고 용케도 잘 살아내었구나 싶다. 까만 고무줄 위에서 맨발로 폴짝폴짝 뛰던 모습이 떠올라 나도 모르게 입가에 미소가 피어오른다. 바람은 나한테만 불었던 게 아니었다.

흑백사진은 오래전에 스쳐 간 바람이었다. 이제 우리는 세상을 뒤흔드는 바람에도 조금은 느슨하다. 저무는 바람은 순했으면 좋겠다.

# 3.
책 읽는 남자

풍란 •
책 읽는 남자 •
낯선 손님 •
신풍속화 •
긴 하루 •
마리 로랑생 화집 •
다슬기탕 •
참외 •
사흘 •
쓸데없는 걱정 •

풍란

・・・

　올해도 하얀 꽃을 피웠다. 후텁지근한 장마에 지칠 법도 한데 기다리는 나를 위해 달콤한 향기도 잊지 않았다. 금방 하늘로 호르르 날아오를 것 같은 흰 꽃은 무관심했던 식구들도 불러 앉힌다.

　난이란 이름에 걸맞게 유려한 잎을 가진 것도 아니고 키가 늘씬하지도 않다. 하지만 굵은 국수 가락 같은 연녹색 뿌리를 허공에 뻗어 세를 불려 화분이 수북하다. 엄지손가락만 하던 잎은 이제 한 뼘은 된다. 수다스럽지 않고 웬만한 바람엔 꿈쩍도 하지 않는 게 무대에 선 주연배우처럼 당당해 보인다. 세상 바람에 휘둘리지 않고 쉬 변하지 않는 오래 묵은 친구 같다. 내게 온 지 삼십 년이 훨씬 넘었다.

동래시장 한쪽 모퉁이 공터에 난전이 열렸다. 수선화, 천리향 등 봄꽃을 팔고 있었다. 샛노란 꽃 색깔에 홀려 바쁜 걸음을 멈추고 들여다보았다. 봄 냄새가 물씬 풍겼다. 저만치 화사한 꽃들에 끼지 못하고 구석진 곳에 옹송그리고 있는 풍란이 눈에 들어왔다. 세 촉이었다. 꽃도 없고, 잎은 겨우 내 엄지손가락만 한 것이, 아이 주먹만 한 비닐 화분에 심겨 있었다.

내가 눈길을 주자 꽃을 팔던 남자는 하나밖에 없는 귀한 풍란이니 놓치면 후회한다고 부추겼다. 물을 자주 주지 않아도 되고 꽃이 피면 향기가 머리를 맑게 한다고도 했다. 갖다 놓기만 하면 저절로 자라는 듯이 입에 침을 튕겼다. 그때 나는 직장과 살림에 종종걸음을 칠 때라 꽃을 사다 놓으면 얼마 후면 마르거나 썩어버렸다. 그래서 손이 많이 가는 나무나 꽃은 스쳐 가며 구경만 했다.

　상인의 말 때문이었을까. 풍란은 조금 무심해도 괜찮을 것 같아서 덥석 사 왔다. 구석진 곳에 엎드려 있는 밥공기만 한 빈 토기 화분에 이끼를 둘둘 말아서 잘 지내보자며 정성을 들였다. 바람이 잘 통하고 햇볕이 넉넉한 옥상 올라가는 계단에 두고 오며 가며 눈맞춤했다. 토라진 아이처럼 며칠이 지나도 나에게 틈을 주지 않고 새치름하더니 차츰 자릴 잡았다. 일년초처럼 쑥쑥 자라지는 않지만 몇 해가 지나니 포기도 늘어나고, 꽃을 피우기 시작했다.

　아파트로 이사했다. 내가 새집에 적응하는 데 시간이 필요하듯이 난도 심하게 몸살을 앓았다. 잎이 까칠해지고 통통하던 뿌리가 실처럼 가늘게 쪼글쪼글해졌다. 그대로 두면 얼마 못 가 말라버릴 것 같았다. 볕이 잘 들고 통풍이 잘되는 창가에 두었다. 기생식물이라 자리가 불편한가 싶어 고목에도 붙여보고 돌에도 앉혀보았지만, 아무 반응이 없었다. 애가 탔다. 그러다 바람이 좀 더 잘 통할 수 있도록 긴 난 화분에 옮겼다. 반쯤은 대추 크기쯤 되는 돌멩이로 채웠다. 그 위에 굵은 마사를 넣고 이끼로 감싸서 목마르지 않게 신경을 썼다. 응원가를 부르듯이 노래도 불러 주었다.

달포쯤 지나니 마음이 통했는지 배시시 웃기 시작했다. 새 꽁지처럼 꼿꼿한 잎새를 곤추세우며 파릇한 빛을 띠기 시작했다. '이제 되었구나!' 반가우면서도 마음 한쪽이 찡했다.

낯가림이 심한 내가 처음 직장에 출근했을 때가 떠올랐다. 낯선 환경과 낯선 사람들 속에서 모든 것이 생소했다. 내가 모르는 것이 그렇게 많다는 데 놀랐다. 서 있거나, 앉아 있거나 불편했다. 계속 근무할 수 있을까 고민하며 적응하는 데 많은 시간이 필요했다.

결혼했을 때도 그랬다. 지금까지와는 다른 삶을 살아야 했다. 생활방식이 전혀 다른 새로운 가족이 생기고, 내가 부모가 되어 책임을 져야 할 위치가 되었다. 새로운 곳에 이식된 풍란처럼 나 스스로 앓으며 살아내어야 했다.

꽃 앞에 앉아 노래를 부른다. '낮에 놀다 두~고 온 나뭇잎 배는….' 가곡, 동요, 유행가 등 그날 기분에 따라 레퍼토리는 다양하다. 식구들 앞에서는 불러본 적 없는 노래를 속말하듯 풀어놓는다. 귀를 내 쪽으로 쭉 빼 들고 있는 것 같아 목소리를 가다듬는다.

풍란도 청량한 바람이 부는 곳을 그리워했으리라. 흙이 없는 아파트 베란다에서 허공에 뿌리를 뻗으며 평생 외따로 지내야 하는 것이 막막하기도 했을 것이다. 어쩌면 나비도 벌도 없는 공간에서 내가 부르는 노래가 위안이 되어 흔들리는 마음을 다잡는지도 모른다.

사십여 년 동안 나도 주어진 환경 탓을 하며 주저앉고 싶을 때가 많았다. 시원한 바람이 그리워서 대책 없는 객기를 부릴 때도 있었다. 하지만 때맞춰 꽃을 피우는 풍란처럼 나도 내게 주어진 몫을 다하려고 무던히 애썼다. 꽃이든 사람이든 흔들리지 않고 피는 건 없다고 하지 않던가. 내게서 어떤 향기가 날는지는 더 살아봐야 알겠지만 말이다.

풍란이 해마다 꽃을 피우는 건 내 노래에 대한 화답 같다. 그리고 내가 꽃 앞에 한가롭게 앉아 있을 수 있는 것은, 어디에서 누군가가 나를 위해 쉼 없이 노래를 불러 주었기 때문이라는 생각이 든다. 꽃대 하나 꼿꼿이 허리를 세운다.

책 읽는 남자

• • •

맞은편에 앉은 중년의 남자가 책을 읽고 있다. 검정 슈트를 입고 코발트블루의 넥타이에 하얀 와이셔츠를 입었다. 가지런히 빗어 넘긴 짧은 머리가 단정해 보인다. 지하철 안 대부분의 사람이 스마트폰을 들여다보고 있는데, 책에 몰입해 있는 모습이 보기 좋다. 무슨 책일까. 두께로 봐선 전공 서적이나 잡지는 아니다. 연애소설이나 추리소설일까? 줄줄이 이어지는 사건에 빠져들고 있는지 책에서 눈을 떼지 않는다.

나도 가방에서 책을 꺼내려는데 낭창낭창한 여자의 목

소리가 거슬린다. 책 읽을 마음을 거두고 주위를 둘러본다. 몇 사람 건너편에 앉은, 긴 머리에 짙게 화장을 한 아가씨가 전화 통화를 하고 있다. 내 옆에 앉은 젊은 여성은 누군가와 문자를 주고받는지 킥킥거리며 웃고 있다. 반대편의 청년은 오락하는지 그의 손이 스치기만 하면 순식간에 화면이 바뀐다. 목적지까지는 한참 가야 하는데 시선 둘 곳이 마땅찮다.

 스무 살 무렵 출퇴근 버스에서 많은 책을 읽었다. 집에서 직장까지는 왕복 세 시간이 걸렸다. 처음엔 창밖을 바라보는 것도 재미있었다. 아는 사람을 만나 이런저런 이야기를 하다 보면 한 시간이 금방 지나갔다. 그러나 똑같은 일상이 반복되면서 허투루 보내버리는 시간이 아까워지기 시작했다.

 집안 형편이 어려워 나를 위해서 할 수 있는 게 없었고, 미래를 예측할 수 없는 우울하던 때였다. 사회생활을 하게 되면서 내가 모르는 게 너무 많다는 것도 알게 되었다. 책을 읽기로 했다. 처음엔 그냥 아무 책이나 닥치는 대로 읽었다. 그러다 헤르만 헤세의 《데미안》, 《지와 사랑》 등과 전혜린의 책을 샀다. 도서관에서 빌린 세계문학을 가방에 넣고 다니며 읽었다.

버스는 많이 흔들리고 시끄러웠지만 아침 출근길은 환해서 책장이 잘 넘어갔다. 버스가 좀 천천히 달렸으면 싶었다. 퇴근길엔 지친 사람이 많은지 버스 안이 조용했다. 불빛은 어두웠지만 오히려 책에 푹 빠지는 날이 많았다. 구석진 자리에 앉아 《폭풍의 언덕》, 《개선문》, 《좁은 문》 등을 읽다 내릴 곳을 놓쳐 어두운 밤길을 몇 정거장 걸어서 집에 오기도 했다. 그럴 땐 내가 요크셔 지방이나 파리의 어느 거리를 걷는 책 속의 주인공이 되기도 했다.

책은 읽을수록 읽을 게 많아졌다. 읽고 싶은 작가의 작품들을 적어놓고 하나둘 읽고 나면 빗금을 그었다. 온전히 책에 몰입해 있었던 시간이었다. 마당 한쪽 배추밭에 앉은 나비를 잡으려고 따라가다 눈부시게 푸른 하늘을 보았을 때처럼 책을 통해서 넓은 세상 구경을 할 수 있었다. 나보다 더 가난하고 마음 아픈 사람이 많다는 것. 나에게 주어진 삶은 누구도 대신 해줄 수 없고 스스로 헤쳐 나가야 한다는 것. 그래서 사람은 누구나 외롭다는 것을 조금씩 알 수 있었다.

지금은 그 책들의 내용을 다 기억하진 못하지만, 그때 그렇게 책을 읽지 않았다면 지금의 나와는 또 다른 모습일 거란 생각이 든다. 맞은편 남자를 본 순간 끌린 것도 책에 열중했던 내 지난날이 떠올라서였지 싶다.

책장을 넘기는 남자의 입가에 엷은 미소가 스쳐 간다. 바쁜 일상에서 잠시 비켜난 편안한 얼굴이다. 꿈에 부푼 젊은 날의 한때로 돌아가 있는 것처럼 보인다. 친구들과 어울려 기타를 치고 노래 부르며 편지를 쓰던, 가슴이 뛰던 시절로 말이다. 아니면 책 속에서 유쾌한 사람들과 만나 악수라도 하는지 모른다.

손가락 하나만 까딱하면 온갖 정보가 쏟아져 나오는 세상이다. 하지만 책장을 넘기는 재미와는 비교가 되지 않는다. 남자는 자신뿐 아니라 바라보는 사람도 책 속으로 불러들인다. 그래서 보는 사람도 유쾌하다.

오후 두 시가 지난 지하철 안은 한산하다. 큰소리로 통화하던 여자도 조용하고 몇몇 노인은 졸고 있다. 내가 내릴 때까지 맞은편 남자는 여전히 책을 읽고 있다.

낯선 손님

...

 예고도 없이 불쑥 나타났다. 기다리지도 반기지도 않는데 갑자기 무슨 일로 왔는지 황당하다. 눈이 침침해서 돋보기를 끼고 지냈지만, 별다른 기척은 없었다. 그런데 갑자기 눈앞에서 손톱만 한 파리 한 마리가 나 잡아보란 듯 날아다닌다. 나도 모르게 까만 비행물체를 잡으려고 자꾸만 손이 간다. 에프킬라라도 뿌리고 싶다.

 서둘러 병원에 갔다. 의사는 눈을 들여다보더니 약을 넣고 삼십 분 후에 검사를 하니 기다리란다. 중환자가 된 것처럼 불안해진다. 긴 의자에 걸터앉아 눈을 감고 있으니 별의별 생각이 다 든다. 왜 이런 일이 생겼을까? 황반변성이나 녹내장에 생각이 미친다. 시력이 급격히 나빠지면 책도 못 읽을지 모른다. 세상이 흐려지고 사물의 경계가 뭉개진다는 상상만으로도 소름이 돋는다. 잠시 기다리는 동안 넘쳐나는 생각들과 걱정으로 우울해진다.

 TV 채널을 돌리다 보면 눈에 좋다는 건강식품을 팔고 있는 것을 자주 본다. 심 봉사가 눈을 뜬 것처럼 먹고 효과를 보았다고 너스레를 떠는 사람도 여럿 있었다. 그런 걸 자세히 보고 진작 사서 챙겨 먹었더라면 이런 상황이 오지 않았을까. 눈이 조금씩 나빠지는 것에 무심했던 게 후회된다.

 검사를 마친 의사는 '비문증'이라고 한다. '날파리증'이라고 하는데 눈의 어느 부분이 혼탁해지면서 망막에 그림자가 드리워서 그렇단다. 다소 불편하겠지만 노화에서 오는 현상이니 별다른 방법이 없다고 했다. 큰 이상이 없는 게 다행스러워 아이가 배꼽 인사하듯 허리 굽혀 고마움을 표했다.

이런 손님이 찾아온 건 처음이 아니다. 허리에도 왔었고 어깨, 치아 등 몸 구석구석에 슬그머니 들어섰다. 허리나 어깨가 아플 땐 무리를 했거나 자세가 좋지 않아서 그런 것이니 조심하면 차츰 좋아지려니 했다. 심하면 약을 먹거나 쉬면 조금씩 괜찮아졌다. 치아는 어릴 때부터 부실했으니 원래 그런가 하고 여겼다. 그런데 반갑지 않은 그 손님들은 올 때처럼 쉽게 가지 않고 엉거주춤 자리를 잡고 수시로 존재감을 과시했다.

처음엔 몰랐다. 주위 친구들이 여러 가지 약을 먹고 영양제를 골고루 먹는다고 해도 나하고는 상관없는 줄 알았다. 오랜만에 친구를 만나면 "옛날 모습 그대로네." 하는 말을 반신반의하면서도 좋은 쪽으로만 생각했다.

그런데 어느 날, 지하철에서 앞에 앉은 학생이 자리를 양보해 주는 게 아닌가. 무언가를 숨겼다 들킨 것처럼 가슴 한쪽이 쿵 내려앉았다. 곧 내릴 테니 그냥 앉아 있으라며 서둘러 그곳을 벗어났다. 나는 노인과는 거리가 먼 것처럼 착각하고 산 셈이다.

흰 머리카락이 났을 때의 기억이 새롭다. 처음 몇 오라기가 보일 땐 설 자리 앉을 자리 구분도 못하는 무식한 머리카락이라며 눈을 부라리고 뽑았다. 그러나 하나 뽑으면 두 개 난다는 말이 맞는지 흰머리는 갈수록 자리를 넓혀갔다. 뽑아서는 해결될 일이 아니었다. 나이 오십도 되지 않았는데 하얀 머리카락 날리며 다닐 수는 없었다.

염색을 했다. 감쪽같았다. 계속 그 모습 그대로였으면 좋겠지만 그런 기적은 일어나지 않았다. 미장원에 갈 때마다 귀찮아서 지청구했지만 때가 되면 잊지 않고 무리 지어 나타난다. 내게 왔으니 껴안고 가는 수밖에.

절친한 친구도 처음 만났을 땐 스쳐 가는 손님처럼 서먹서먹하지 않던가. 그러나 서로 이해하고 오래 함께하다 보면 친밀해진다. 염색도 이젠 지극히 자연스럽다. 더러는 색깔이 제대로 나오지 않아 불만일 때도 있지만 그러려니 한다. 친구도 항상 마음에 쏙 드는 건 아니지 않는가.

그렇다고 반가운 면이 영 없는 건 아니다. 나도 모르게 내 안에 와 있는 '노화'라는 이 낯선 손님은 퍼렇게 날이

서 있던 감정들을 무디게 한다. 지금 아니면 안 될 것 같은 조급함도 슬슬 꼬리를 내린다. 열정이나 호기심이 예전만 못하지만, 대신 느긋함과 애잔함이 서서히 파고든다.

언제부턴가 몇백 년을 한자리에 서 있는 아름드리나무가 예사로 보이지 않는다. 마을의 수호신처럼 늠름한 나무는 새들과 뭇짐승들에겐 안식처가 되어준다. 그런 나무를 자세히 보면 상처투성이다. 비바람과 사람들로 인해 가지가 휘어지고 꺾였다. 갖가지 병충해로 크고 작은 혹이며 옹이가 훈장처럼 자리 잡았다. 수없이 맞이하고 보낸 손님들이 남긴 자국이다. 그 모든 세월을 묵묵히 견뎌낸 나무는 웬만한 바람엔 끄떡 않는다.

우리네 삶에도 잠시 머물다 가는 청춘이란 손님과는 달리, 노화라는 손님은 마지막까지 함께해야 한다. 그래서 두렵고 피하고 싶지만 어쩔 수 없다. 비문증도 내게 왔으니 동행해야지 별수 있는가. 반갑지 않은 손님도 살아 있는 사람에게만 찾아온다.

신풍속화

...

　신윤복의 〈청금상련〉 앞에 선다. 연못가에서 풍류가 한창이다. 거문고를 타는 여인 앞에 앉은 남자는 곰방대를 빨며 흥에 취해 있다. 그 뒤로 노골적 연정을 보이는 남녀가 보인다. 갓끈을 길게 늘어뜨린 또 다른 남자가 그들을 바라보고 서 있다. 소나무 가지는 담장을 넘어오고 연꽃은 이제 막 봉오리를 내민다. 초여름의 달콤한 향취가 화폭에 가득하다.
　김득신의 〈대장간〉 앞이다. 한 남자가 집게로 단 쇳덩이를 잡고 있다. 다른 두 남자는 쇠망치로 번갈아가며 쇳덩이를 내려친다. 내려칠 때마다 튀는 쇳가루며 바닥에 흩어진 쇳조각도 세세히 그려져 있다. 망치 소리가 들리는 것 같다. 대장간 남자치고는 근육질은 아니지만 얼굴에는 미소가 어려 있다. 줄을 잡은 아이도 웃고 있다. 힘든 일을 하는데도 가족 같은 분위기가 느껴진다.

〈파적도(波寂圖)〉를 보니 절로 웃음이 난다. 도둑고양이가 병아리를 물고 잽싸게 달아나고, 돗자리를 짜던 주인 영감이 담뱃대를 들고 고함을 지르며 황급히 고양이를 쫓다 넘어진다. 뒤이어 마나님이 허겁지겁 뛰어나온다. 어미 닭은 꼬꼬댁거리며 물려가는 새끼를 향해 쫓아가고. 놀라서 달아나는 병아리들의 모습이 실감 나게 그려져 있다. 화려한 색채를 쓰지 않고도 보이지 않는 소리 들을 눈에 보이게 그려 놓았다. 〈야묘도추〉라고도 하는 긍재 김득신의 그림이다.

가만히 보고 있으니 따뜻한 봄날, 암탉이 병아리들을 데리고 다니며 모이를 찾아 먹이던 우리 집 마당이 생각난다. 긴 담뱃대를 물고 마당에서 짚으로 새끼를 꼬던 외할

아버지가 그림 속에 앉아계시는 것 같다.

간송미술관에 〈풍속인물화대전〉을 보러왔다. 조선시대의 명작 백여 점을 전시한다고 했다. 누가 애타게 기다리기라도 하는 양 아침 일찍부터 서둘러 기차를 타고 미술관에 왔다. 그러나 끝이 보이지 않게 길게 늘어선 줄을 보자 다리에 힘이 빠졌다.

언제 다시 이런 기회가 올까? 몇 해 전 봄에도 개관하는 날이 지나서 헛걸음하지 않았는가. 맨 끝줄에 섰다. 쉽게 볼 수 없는 그림들이니 기회를 놓치고 싶지 않았다. 시간이 흐르면 차례가 올 것이라 생각하고 나니 마음이 느긋해졌다.

주위를 살펴보았다. 백발의 노인, 남녀 학생, 중년의 남자와 여자 들이 가을 햇볕에 서 있다. 모자나 스카프로 햇빛을 가리고 있는 사람도 있지만 대부분 손차양을 하고 있었다. 찻길을 따라 서 있으니 차들이 지나가며 먼지를 풀풀 날렸다. 이렇게 많은 사람이 그림에 관심이 있다는 것에 놀랐다.

간송미술관은 일제강점기인 1938년 간송 전형필이 세운 우리나라 최초의 사립미술관이다. 일본으로 유출되는 우리 문화제를 지키기 위해 전 재산을 들여 사들였다. 국보인 훈민정음해례본을 비롯해 도자기, 불상, 석탑이며 겸제, 추사, 단원, 혜원 등 옛 화가들의 작품이 소장되어 있다고 해서 오래전부터 와보고 싶은 곳이었다.

긴 줄을 선 지 두 시간 삼십 분 만에 미술관에 발을 들여놓았다. 생각했던 것보다 실내는 협소했지만, 벽면 전체에 작품을 전시해 놓았다. 많은 사람이 붐벼서 한 작품에 오래 머물 수가 없었다. 조선시대 여인 초상화의 으뜸이라는 〈미인도〉는 조금 더 자세히 보고 싶었지만, 다음 사람을 위해 비켜주어야 했다. 처음 보는 작품은 누구의 그림인지 천천히 감상하려고 해도 저절로 밀려났다. 책에서 보았던 눈에 익은 작품 앞에 섰을 땐 그 화가와 마주한 듯 반갑게 눈인사를 나누었다.

일층에는 조선 초기의 그림이 많고, 이층은 조선 중기나 후기의 작품이 전시되어 있었다. 후기의 그림들은 그

시대를 살아가는 서민들의 생활상을 그렸다. 전기와는 달리 생동감 있는 사실적 묘사가 돋보였다. 옛사람들이 노래한 시나 음악처럼, 그림도 구구절절 설명하지 않아도 그때의 모습이 한눈에 쏘옥 들어왔다.

그림 속의 사람들은 평범한 이들이다. 특별한 것 없는 이들의 일상이 예술이 되어 걸려 있다. 생활이 예술이 되어 있는 셈이다. 조화로운 색채와 세밀한 터치가 예술성을 더한다. 휴머니티가 넘치는 그림 앞에서 가슴이 뛴다.

미술관을 나오니 어두워져 있다. 관람객들이 서둘러 돌아가는 모습이 보인다. 아이의 손을 잡은 엄마가 가로등 아래를 지나간다. 택시를 잡으려는 사람들이 손을 흔든다. 플라타너스 가로수 옆 신호등이 파란불로 바뀐다. 어스름한 저녁 불빛이 하나의 풍속화가 된다. 나는 풍경에 액자를 끼운다. 그 신풍속화 속을 홀로 걸어가는 여인이 된다.

긴 하루

...

　대학병원 환자 대기실은 웬만한 재래시장보다 더 붐볐다. 시장은 활기라도 있지만, 이곳에서 차례를 기다리는 사람들은 시든 배추처럼 어깨가 축 처져 있었다. 조직검사 결과를 기다리는 나도 입에 침이 바싹바싹 말랐다. 내 옆에는 볼이 깊게 팬 중년 여인이 앉아 있었다. 그녀는 머리부터 턱까지 붕대를 감았다. 붕대로 귀를 싸맨 고흐의 초상화 같았다. 나도 수술하게 되면… 하다가 얼른 머리를 흔들었다.
　두 시간을 기다려서야 의사와 마주 앉았다. 컴퓨터 화

면을 꼼꼼히 살피던 의사는, 조직검사 결과가 미심쩍어서 다음 단계의 검사를 해야 한다고 말했다. 설마 했던 일이 나에게 닥친 것 같았다.

"암입니까?"

"악성종양일 수도 있고, 아닐 수도 있으니 며칠 더 기다려 봅시다."

수술 날짜도 그때 다시 잡겠다며 의사는 다음 환자를 불렀다.

"아! 예…."

이것저것 물어볼 말이 많은데 도무지 말이 나오질 않아 어정쩡하게 진료실을 나왔다. 집에서 나올 땐 의사가 무슨 말을 해도 담담해야지 했는데 그게 생각처럼 되지 않았다. 복도에 앉아 있는 사람들의 시선이 나에게로 향했다. 의사가 무슨 말을 했는지 궁금한 표정들이었다. 서둘러 그 자리를 벗어났다.

엘리베이터를 타지 않고 계단으로 걸어 내려왔다. 무거운 걸음으로 몇 계단 내려오니 어깨가 가녀린 젊은 여자가 복도 끝 창가에 서서 눈물을 훔치고 있었다. 가까운 누군가가 그를 벼랑 끝에 서게 한 모양이었다. 그녀의 슬픔이 내게로 옮아와 눈시울이 뜨거워졌다.

 며칠 전, 우연히 왼쪽 귀밑에 작은 메추리알만 한 딱딱한 게 만져졌다. '아니 이게 뭐지!' 불길한 예감이 들었다. 가까운 이비인후과에 갔다. 손으로 볼록한 부위를 만져본 의사는 소견서를 써주며 종합병원으로 가라고 했다. 덜컥 겁이 났다. '귀밑샘 종양'이라고 했다. 안면신경이 지나가는 예민한 부위라 수술이 까다롭다고 덧붙였다. 평상시에 잘 들어보지 못한 병명이라 당황스러웠다.

 밖으로 나왔다. 몇 시간 전, 병원에 들어갈 때는 환했던 세상이 갑자기 잿빛으로 보였다. 나는 그냥 천천히 걸었다. 악성종양이라는 말이 윙윙거리는 벌 떼처럼 따라왔다. 아직은 모르는 일이니 미리 걱정을 말자고 해도 마음은 자꾸 나쁜 쪽으로 흘러갔다. 백세시대라고들 하는데 나에게 왜 이런 일이 생겼을까. 만약 악성종양이라면 어떻게 할까. 대책 없는 생각들이 꼬리를 물었다.

한참을 걷다 보니 부평동 시장이었다. 없는 것 빼고는 다 있을 것 같은 시장은 사람들로 북적였다. 천천히 이 골목 저 골목을 걸었다. 상인들이 단팥죽이나 어묵, 빈대떡을 먹고 가라고 유혹하는데 배도 고프지 않았다. 시간은 오후 두 시가 지났다.

다양한 원색의 옷들을 걸어놓은 가게 앞에 섰다. 겨자색 바탕에 쪽빛 자잘한 나뭇잎 무늬가 그려진 셔츠가 눈에 들어왔다. 가게 앞에서 서성이니 점원이 반색하며 다가왔다. 그녀는 그 옷을 내려 한쪽 어깨에 비스듬히 척 걸치며 빙그르르 돌았다. 만져보니 촉감도 부드러웠다. 그러나 '저 옷을 입고 다닐 수 있을까?' 하는 생각이 들자, 가슴에 구멍이 뻥 뚫리는 것 같았다. 다음에 오겠다고 말하고 돌아섰다.

얼마 전, 친구의 문병을 하러 갔다. 중학교 동창생 다섯 명이 함께 갔다. 병이 깊어서 어쩌면 마지막이 될지 모른다는 무거운 마음이었다. 병색이 짙은 그녀는, 사는 게 한가해지면 자주 만나서 차도 마시고 옛날이야기도 하려고 했는데 그만 이렇게 되었다며 쓸쓸하게 웃었다. 비를 흠뻑 맞은 채, 나뭇가지 끝에 매달린 한 마리 새 같았다. 차도가 있느냐고 물었더니 "이제는 자연요법을 해볼 수밖에 없다."라고 한숨 쉬듯 말했다. 숨이 가쁘고 음식을 제대로 먹지 못하면서도 삶의 끈을 놓게 될까 봐 걱정하고 있었다.

문득 시장을 배회하는 나도 그때 그 친구와 같은 마음이었지 싶다. 하루하루 살아가는 일이 죽음에 이르는 것임은 알지만, 아직은 아니라는 생각 말이다. 그리고 처절하게 병마와 싸우다 피폐해질 대로 피폐해져 세상과 작별하게 될까 두려웠다. 나는 주어진 하루를 잘 살다 때가 되면, 해가 저무는 것처럼 조용히 생을 마무리하고 싶었다. 이렇게 느닷없이 빨간불이 들어올 줄이야.

좁은 길모퉁이에 좌판을 펴놓고 멸치를 파는 노인에게 눈길이 갔다. 볕에 그을리고 주름진 얼굴이지만 편안해 보였다. 김밥을 먹다가 손님이 오면 얼른 내려놓고 반갑게 웃는 모습에 잠시 내 입꼬리도 올라갔다. 신명 난 듯 가볍게 몸을 움직이는 모습을 한참 동안 바라보았다.

 후- 길게 숨을 내쉬었다. 힘을 내자. 미리 우울해할 필요는 없다. 검사 결과는 아직 미지수다. 저 노인도, 시장 길이 비좁도록 스쳐 지나가는 저 많은 사람 모두 건강하고 행복하지는 않을 것이다. 결과가 어떻게 나오든 받아들여야 한다. 내일은 내일로 미루어 두어야겠다.

 집에 돌아오니 남편은 걱정스러운 얼굴로 결과를 물었다. 나는 태연하게 좀 더 기다려야 된다고 했다. 남편은 어차피 수술해야 한다면 서울로 가자고 했다. 의료진이나 시설이 훨씬 낫다는 것이었다. 하지만 낯선 도시의 병실에 누워 있는 내 모습을 상상하니 오히려 병이 깊어질 것 같았다. 그냥 여기서, 내게 주어진 대로 받아들이겠다고 말했다. 밤엔 피곤해서 일찍 자려고 해도 잠이 오지 않았다. 긴 하루였다.

마리 로랑생 화집

• • •

 며칠 전 신문에서 〈미라보 다리, 그녀가 담아낸 황홀한 색채〉라고 쓴 커다란 제목의 글씨가 눈길을 끌었다. 예술의 전당에서 '마리 로랑생 전'을 한다는 기사였다. 지면에 실린 그림 〈키스〉와 〈자화상〉은 색상이 파스텔처럼 은은했다. 그리고 마리 로랑생은 〈미라보 다리〉를 쓴 시인 기욤 아폴리네르의 연인으로 시의 실제 주인공이라고 긴 설명을 달아놓았다.
 마침 일산에 사는 친구와 통화를 하게 되었다. 그는 언제쯤 서울에 올 거냐고 물었다. 그러고 보니 만난 지가 꽤 오래되었다. 나는 너도 보고 싶고, '예술의 전당'에서 멋있는 그림도 보고 싶으니 시간 되면 같이 보러 가자고 했다. 친구는 본 적 없는 로랑생 때문에 빨리 만날 수 있겠다며 소리 내어 웃었다.

그날 오후 친구에게서 문자 메시지가 왔다.

"손녀와 그림 구경 간다."

작고 보드라운 아이의 손을 잡고, 입가에 미소를 지으며 느긋하게 그림 구경을 하는 친구의 모습이 눈에 선했다.

다음 날 다시 문자 메시지가 왔다.

"네 덕분에 그림 구경 잘 잘했다. '마리 로랑생 전' 화집을 보냈다. 행복해라."

늦은 오후에 택배 기사로부터 묵직한 화집을 받아 들었다. 나는 한동안 할 말을 잃고 멍하니 서 있었다. 친구는 열 살 된 손녀를 데리고 일산에서 예술의 전당까지 갔다. 적어도 왕복 서너 시간은 걸렸을 것이다. 손녀에게는 아름다운 그림을 보여주고, 그림을 보고 싶어 하는 나를 위해서는 화집을 보내주었다.

나는 화집을 품에 꼭 안았다. 따뜻한 친구의 귀한 마음이 느껴졌다. 언제나 내 말에 귀 기울여 주는 친구다. '마리 로랑생 전'이 보고 싶다는 내 말을 흘려듣지 않았다. 삶이 단조로워지고 무뎌지는 나를 돌아보라고 일부러 시간을 내었을 것이다.

봉함 편지를 열듯이 화집을 펼쳤다. 자화상과 인물화가 많았다. 특이하게 윤곽선이 뚜렷하지 않은 새까만 눈망울의 여인들을 그렸다. 연분홍과 옅은 파랑과 회색을 주로 사용해서 화려하면서도 감각적이었다. 불빛을 받으며 전시장을 거니는 듯 마음이 편안해졌다. 그래서 '색채의 황홀'이라는 표현을 했구나 싶었다.

마리 로랑생은 20세기 초, 남성 중심의 미술계에 여성으로서는 처음으로 예술만으로 살아간 재능 있는 전업 작가였다. 피카소와 샤넬의 초상화를 그린 화가로도 알려진 프랑스의 대표적인 여류화가다. 사생아로 태어나 어렵게 유년과 청소년기를 보냈지만 그림에 대한 꿈은 놓지 않았다. 사랑하는 사람과 헤어지는 아픔도 겪었고, 1·2차 세계대전 중에는 스페인에서 망명 생활도 했다. 남편과 이혼하고 모든 것을 잃었지만 그림으로써 많은 고난과 시련을 이겨냈다.

그런 불행한 기억들로 인해 그녀만의 고유하고 미묘한 색채로 많은 사람을 매료시키는 화가가 되었는지 모른다. 칠십오 세의 나이로 죽기 며칠 전까지 붓을 놓지 않았다는 화가. 하얀 옷에 붉은 장미 한 송이를 가슴에 안고, 첫사랑이자 평생 가슴에 품고 있던 연인의 편지 다발과 함께 묻혔다.

화집을 보면서 색상의 아름다움에 풍덩 빠져들었다. 좋은 그림에는 단순히 색깔만이 아니라 작가의 삶도 오롯이 담긴다는 것을 느꼈다. 그래서 감상하는 사람의 마음을 움직이게 하는 것 같았다.

여러 그림 중에 〈책 읽는 여인〉에 유독 눈길이 갔다. 지극히 평화롭고 편안해 보였다. 그림 한 점을 완성해 놓고 쉬고 있는 화가 자신을 그렸을까? 차 한 잔을 앞에 놓고 비스듬히 기대앉아 책을 펴놓고 있지만 책을 읽는 것 같지는 않다. 꿈을 꾸고 있거나, 옛날을 회상하고 있는 것처럼 보였다.

　그림을 한참 보고 있었더니 화집을 받고 내가 어떤 표정을 지을까 상상하고 있는 내 친구 같아서 싱긋 웃음이 났다. 내가 친구를 그린다면 저런 모습이지 싶었다. 저녁을 준비하고 청소하면서도 저절로 웃음이 나오고 콧노래가 나왔다. 누군가가 나를 생각해 준다는 것. 행복이란 바로 이런 것이 아닐까. 나도 문자 메시지를 날렸다.

　"친구야, 네 덕분에 행복했다. 고마워."

다슬기탕

...

장터가 시끌벅적 생기로 넘친다. 비가 와서 한산하리라는 내 생각은 빗나갔다. 고추, 상추 모종이 비를 맞으며 나풀거린다. 배추와 열무를 파는 아저씨는 "내 물건이 최고여."를 구수한 목소리로 외치며 손님을 부른다. 바닥에 파란 비닐을 깔아놓고, 때 이른 참외를 펼쳐놓은 청년은 "꿀맛 같은 참외 맛보러 오라."고 손뼉을 치며 고래고함이다.

언양 장날이다. 시장은 여러 골목이 이어지며 복잡하게 얽혀 있다. 이곳저곳을 기웃거리며 구경하는 재미가 쏠쏠

하다. 순해 보이는 할머니가 내미는 새파란 풋마늘을 사고, 미나리와 어린 머위도 산다. 향긋한 미나리나물과 취나물에 참기름 넣고 밥을 쓱쓱 비벼 먹을 생각을 하니 입안에 군침이 돈다.

저만치 한쪽 구석에 까만 우산을 받쳐 들고 웅크리고 앉은 젊은 여인이 추워 보인다. 다가가 보니 한 양푼쯤 되는 다슬기를 앞에 놓고 있다. 값을 물었더니 예상한 것보다 많이 부른다. 그녀는 차가운 물속에 들어가서 잡은 것이라 어쩔 수 없다며 멋쩍게 웃는다. 오래전에 먹었던 쌉싸름한 다슬기탕 생각이 났다.

다슬기탕은 이십 년 전쯤 허름한 식당에서 처음 먹었다. 실내가 좁아서 반은 주방이었고 식사하는 탁자는 서너 개뿐이었다. 안쪽에 방이 하나 있었는데 비닐 장판이 갈라진 곳도 있고 벽지마저 낡아서 웬만하면 들어가고 싶지 않았다. 그래도 어찌 된 셈인지 점심시간에는 그 방도 기다려야 앉을 수가 있었다. 사람들은 그 집에서만 먹을 수 있는 다슬기탕 맛이라고들 입소문이 자자했다.

투박한 뚝배기에 담겨 나온 국을 숟가락 끝에 조금 떠 먹으며 낯선 맛에 머뭇거렸다. 충북 옥천이 고향이라는 식당 주인아주머니가 토종 된장에 아욱을 넣고 끓이는 귀한 음식이니 남기지 말고 먹으라고 했다. 다슬기도 구하기 쉽지 않고 손이 많이 간다고 했다. 아주머니의 말을 듣고 몇 번 먹어보니 속이 편안했다. 된장과 다슬기 특유의 쌉싸래한 맛이 어릴 때 엄마가 끓여주던 음식 같아 잠시 목젖이 아릿했다. 직장을 다니면서 살림하느라 종종거리며 살던 시절이었다. 그날 이후 그 집을 자주 찾았다.

오늘처럼 비가 와서 꿉꿉하고 한기(寒氣)가 드는 날 얼큰한 다슬기탕이라! 먹음직스럽다. 며칠째 깔깔한 입맛도 불러오고 식구들에게 따끈한 국 한 그릇 끓여주면 좋을 것 같다. 아욱은 보이지 않아 얼갈이배추를 산다.

집에 와서 장 봐온 것들을 손질하며 다슬기를 씻는다. 이제 강에서의 기억들은 잊으라고 바락바락 문질러 다슬기 물때를 뺀다. 더러운 강바닥을 휘저어 놓은 것 같은 탁한 물이 나온다. 내 가슴속 깊숙이 쟁여진 찌꺼기를 헹

궈 내듯이 맑은 물을 여러 번 갈아주며 해감을 한다.

어느새 어둠이 내려앉는다. 다슬기탕을 끓인다. 물이 끓을 때 다슬기를 넣어 삶으니, 먹으면 약이 된다는 비췻빛 물이 되었다. 무엇을 먹고, 어떻게 살아서 저렇게 고운 물이 나오는지 궁금해서 들여다본다. 맑다. 그 물을 센 불에 팔팔 끓여가며 강에서 묻어 온 불순물을 마저 걷어내고 된장을 푼다.

그리고 데쳐 놓은 배추를 적당한 크기로 썰어 된장에 조물조물 무치고, 바늘로 꺼내 놓은 다슬기 알맹이도 넣는다. 서로 잘 어울리라고 당부라도 하는 듯 뚜껑을 덮고 기다린다. 한소끔 끓으면 불을 낮추고 뭉근하게 조금 더 끓이면 다슬기와 된장과 배추 시래기가 순하게 어우러진다. 여기에 들깨를 곱게 갈아 체에 밭치고, 마늘과 파와 부추를 넣어 맛을 낸다.

비췻빛 국물에 부추만 넣고 간을 맞춰 먹는 것도 시원하다. 그러나 나는 오래전 식당에서 먹어본 그때 그 맛을 내려고 한다. 오로지 손맛과 정성으로 끓여내어 지친 마음 한 자락을 살짝 건드렸던 충청도 아주머니 표 구수한 그 맛 말이다.

한 국자 떠서 간을 본다. 급하게 끓인 맑은 된장국이나 배릿한 추어탕과는 달리 쌉싸래하면서도 얼큰하다. 매콤한 청양고추를 곱게 다져 넣었더니 한맛 더 난다. 충청도 아주머니가 들으면 섭섭하겠지만 오늘은 내 솜씨가 한 수 위다.

저녁 식탁에서 남편에게 묻는다.

"어때요, 이 국 맛?"

남편이 말했다.

"다슬기탕 집 개업하면 간판 달아줄게."

참외

...

샛노란 빛이 유혹한다. 한여름 과일인데 지금 맛이 있을까? 주저하면서도 너무 진하지도 밝지도 않는 노란색에 저절로 손이 간다. 단내가 나는지 알아보기 위해 꼭지 부분에 코를 대고 향기를 맡아본다. 가게 주인이 못마땅했는지 맛은 걱정하지 않아도 된다고 한 마디 던진다. 값은 비싸고 맛은 알 수 없지만 세 개씩 포장해 놓은 팩 하나를 들고 왔다.

참외를 깎는다. 사각거리는 느낌이 좋다. 하얀 속살이 드러나니 달달한 냄새가 난다. 입에 침이 고인다. 과도를 쥔 손이 빨라진다. 미련이 남았는지 꽃샘바람이 아직 미적대는 삼월인데 참외가 벌써 이렇게 익다니.

어릴 때 외갓집 가는 길에 넓은 과수원이 있었다. 참외밭이었다. 지나가다 보면 바람에 넌출거리는 잎 아래 참외가 뜨거운 태양과 숨바꼭질하며 배꼽을 드러내고 익어갔다. 과수원을 한눈에 볼 수 있는 밭 중간쯤에 원두막이 있었다. 네 귀퉁이에 다리를 세우고 바닥은 판자를 잇대어 만들었다. 덩그러니 높았는데 지붕을 덮어 제법 널찍하게 자리 잡았다. 여름 한철 주인과 동네 노인들이 낮잠을 자거나 바둑을 두었다. 도둑을 지키는 것보다 시원함을 즐기는 장소 같았다.

어느 날, 소꿉놀이도 시들하고 같이 놀 친구도 없었다. 혼자 뒷산 무덤에서 미끄럼을 타며 놀았다. 한참을 놀다 보니 재미도 없고 심심했다. 햇빛은 머릿밑이 익어버리는 게 아닌가 싶게 쨍쨍하고, 매미 소리는 한낮의 햇빛보다 더 짱짱했다.

어른들의 눈을 피해 살금살금 참외밭에 들어갔다. 재빨

리 눈에 보이는 대로 한 개를 따서 옷에 쓱쓱 문질러 한 입 베어 물었다. 쓴맛에 진저리를 치며 던져버리고 다른 하나를 골랐다. 다행히 쓰지는 않았지만, 부드러운 풀냄새가 났다. 가운데를 몇 번 베먹고 풀숲에 살그머니 버렸다. 다시 납작 엎드려 네발짐승처럼 엉금엉금 기었다.

넓적한 참외 잎을 살살 들추며 병아리색보다 진한 동그란 열매들을 눈으로 더듬으며 손으로 어루만졌다. 마침내 매끈하고 잘 익은 참외 하나를 땄다. 벌떡 일어나 달콤한 미소를 흘리며 돌아왔다. 아무도 없는 빈집에서 찬물에 띄워 놓았다가 먹은 참외는, 뜨거운 여름 한낮 휑한 마음에 푸른 과수원 하나 들여앉힌 것 같았다.

참외를 한입 베어 문다. 아삭하고 맛있다. 미리 걱정했던 게 미안하다. 하긴 참외만 단 게 아니다. 겨울에 나오는 딸기나 수박처럼 계절 가리지 않고 비닐하우스에서 나오는 과일은 모두 맛있다 해도 과언이 아니다. 적당히 익고, 감칠맛 나게 달다. 그런 과일을 제철도 없이 언제든 먹고 싶을 때 맛있게 먹을 수 있는 좋은 세상이다.

그런데 나는 왜 여름 한쪽 귀퉁이가 뭉텅 잘려 나간 것처럼 서운한지 모르겠다. 맛있지만 뭔가가 빠진 느낌이다. 뜬금없이 앵 돌아서는 날씨의 변덕도 모른 채, 바깥바람과 밀고 당기는 연애도 한번 못 해본 맛이라서일까?

우리는 계절의 기다림을 잊고 산다. 초록 잎사귀들 사이로 산딸기가 빨갛게 익고, 새콤달콤한 살구가 맛이 들었는지 나무 밑에 서성거리지 않는다. 이육사의 '청포도가 익어가는 시절'을 포도알 터뜨리듯 읊조리던 소소한 기쁨도 사라졌다. 빨간 앵두를 한 움큼 따서 입에 넣으면 달콤하고 싱싱한 과즙이 온몸에 퍼지는 행복감도 잊은 지 오래다.

어디 과일뿐이겠는가. 일 년 열두 달 마트에 가면 채소나 육류 할 것 없이 먹거리들이 풍성하다. 어느 계절에 나는 것인지, 어느 나라에서 생산된 것인지도 모르고 먹는 게 많다. 어쩌면 그런 음식들을 먹으며 사는 나도 끝물 과일같이 밍밍해지고 있는 게 아닌가 싶다.

원두막도 없어졌다. 원두막은 바람이 머물다 가는 들판

의 집이었다. 지나는 이들 누구나 잠시 쉬어가면서 잘 익은 참외 한쪽으로 더위를 식히는 쉼터였다. 길 가다 갑자기 소나기가 쏟아지면 우르르 뛰어가 피해 갈 수 있는 피난처가 되기도 했다. 그곳엔 조그만 아이가 참외밭을 서성이는 것을 못 본 채 눈감아주던 어른들의 너그러움이 있었다.

철 이른 참외를 먹으며 사라져가는 원두막 한 채 마음 깊숙이 들여앉힌다.

사흘

...

어스름이 내려앉을 즈음 정선에 도착했다. 찹찹한 맑은 공기가 도시를 멀리 떠나왔음을 알렸다. 시외버스 종점에 내렸다고 민박집에 전화했다. "알겠습니다." 대답은 간단했다. 가까운 곳에서 금방 슬리퍼를 끌고 반기러 올 줄 알았다.

주위가 어둑어둑해지고 찬바람이 목덜미를 어루만지기 시작했다. 산골이라 해가 지니 날씨가 급속도로 차가워졌다. 슬슬 불안해졌다. 오긴 오는 걸까? 둘이서 의심스럽다는 듯 눈을 맞추고 있을 때 그가 나타났다. 고무줄로 머리를 질끈 묶은 젊은 남자가 차를 가지고 왔다. 민박집 주인이라고 했다. 왔다는 것만 반가워 왜 늦었는지는 한마디도 물어볼 수 없었다.

차는 금방 산길로 들어섰다. 깜깜해졌다. 털썩거리는 차를 타고 여자 둘이, 초면인 낯선 남자를 따라가자니 반갑게 차를 탈 때와는 달리 마음이 뒤숭숭했다. 식구들은 몇이나 될까. 아니 여자들은 있는지 걱정되었다. 한참을 달려 도착한 곳은 불빛 하나 보이지 않는 산속 외딴집이었다. 전기도 들어오지 않는 허름한 흙집. 물소리와 별만 총총했다. 다행히 상냥한 서울 말씨를 쓰는 예쁘장한 아가씨가 우릴 반겼다. 부인이라 했다.

처음 만난 젊은 부부와 하룻밤을 보내게 되었다. 커다란 아궁이에 불을 지펴 늦은 저녁을 해 먹고, 타다 남은 잔불에 삼겹살을 구우며 이야기꽃을 피웠다. 우리는 집이 부산이다. 남편이 서울에 파견 근무를 하게 되었고, 모처럼 해외 출장을 가서 친구와 함께 정선까지 오게 되었다.

집주인은 오래전부터 알고 지낸다는 내 친구 이야기와

여러 번 다녀왔다는 인도와 멀리 아마존 여행기를 막힘없이 풀어냈다. 차림새가 예사롭지 않더니 방랑벽이 있었구나 싶었다. 예쁜 신부는 어떻게 이 깊은 산골에 왔는지 궁금했지만 물어보지 못했다.

우리는 불쏘시개로 장단 맞춰 산골이 떠나가게 노래를 불렀다. 유행하는 노래부터 가곡, 동요까지 생각나는 노래는 다 불렀다. 늦은 밤이었지만 깊은 산속 외딴집이라 주위를 의식하지 않아도 되었다.

다음 날 아침에 일어나 밖으로 나가보니 안개가 산허리를 감은 첩첩산중에 갇혀 있는 것 같았다. 여기가 도대체 어디냐고 물어보았더니 정선의 '오지'라고 했다. 사람이 살지 않으니 오염되지 않은 청정한 곳이란다. 주변을 돌아보다 가녀린 줄기에 아침 이슬을 흠뻑 머금고 바람에 흔들리는 하얀 꽃에 눈이 꽂혔다. 매화꽃을 닮았다. 처음 본 꽃이라 무슨 꽃인지 물었더니 깊은 산에 사는 '물매화'라고 했다. 그리고 집 앞에 흐르는 옥빛 계곡물은 바로 먹어도 되는 일급수라 열목어가 산다고 했다.

짧은 시간에 정이 든 부부와 헤어지느라 한참을 미적거렸다. 찾는 이 드문 곳이니 하루쯤 더 머물다 갔으면 했다. 하지만 우리는 우리에게 주어진 모처럼의 자유를 누려야 했다. 그래서 훗날 기회가 되면 다시 찾아올지도 모른다며 아쉬움을 달랬다. 사실 그곳은 아무나 가고 싶을 때 불쑥 갈 수 있는 곳이 아니었다. 비가 와서 앞 계곡물이 불으면 며칠을 오갈 수 없는 오지 속의 오지였다. 새파란 풀들 사이에 하늘거리는 하얀 물매화가 자꾸 돌아보아졌다.

부부는 정선 장터까지 우리를 태워다 주었다. 이른 시간이었는데 시장은 벌써 사람들로 붐볐다. 억양이 다른 말씨에서 낯선 곳에 와 있음을 실감했다. 정선의 맛이라는 메밀묵 가게를 기웃거리고, 향이 짙은 산도라지와 황기를 샀다. 장터 한쪽에서는 '아라리 극'을 하고 있어 애잔한 〈정선아리랑〉 가락에 흠뻑 빠졌다.

가을날 하루는 빨리 저물었다. 가까운 역에서 구절리행 기차를 탔다. 이미 주위는 깜깜해졌고 날씨는 쌀쌀했다.

집으로 가는 길이 아닌, 산속으로 들어가는 기차에 오도카니 앉아 있는 내가 잠시 낯설었다. 불빛 현란한 두고 온 도시가 잠깐 생각났지만 이내 지웠다.

구절리는 사방이 산으로 둘러싸인 산속 마을이었다. 기차가 도착하자 숙박 손님을 기다리는 사람들이 있어 민박집은 어렵지 않게 구할 수 있었다. 다음 날 이른 아침 새소리가 마을을 깨웠다. 단풍이 절정이었다. 아랫마을보다 단풍이 훨씬 아름다웠다. 마을 앞 넓은 계곡엔 맑은 물이 찰랑찰랑 소리를 내며 흘렀다. 그 물에 손을 씻으니 마음마저 깔끔하게 헹군 것처럼 생각이 단순해지고, 순한 아이가 된 것 같았다. 노장 폭포까지 걷다 보니 노천명 시인의 〈이름 없는 여인이 되어〉처럼 그냥 눌러앉아 살고 싶었다.

돌아보니 결혼하고 지금까지 식구들과 떨어져 나를 위한 시간을 단 사흘이라도 보내본 적이 없었다. 늘 종종걸음을 쳐야 했고, 해야 할 일들로 머리는 복잡했다. 그러나 여기에서는 울고 싶을 땐 울고, 노래하고 싶을 땐 언제든지 노래할 수 있을 것 같았다. 타인이나 시간에 구애받지 않고, 자연과 어우러져 살면 유유자적한 삶을 살 수도 있을 것 같았다. 철없던 내 유년의 그때처럼 오롯이 나만을 위한 시간을 갖고 싶었다고나 할까.

아우라지로 내려올 땐 레일바이크를 탔다. 물빛과 가을 산색에 젖어 강원도 산골에서 보낸 사흘은 그을음 없이 활활 태운 불꽃이었다. 애절한 아라리 가락이 며칠을 따라다녔다.

쓸데없는 걱정

...

　세상이 이렇게 빠르게 변해간다면 나는 성능 좋은 로봇을 장만하겠다. 말귀를 잘 알아듣는 로봇은 내가 책을 읽으면 적당한 온도의 물과 커피를 갖다줄 것이다. 인터넷으로 책을 주문한다거나 잡다한 집안일도 해결해 주고, 외출하려고 하면 그날의 날씨에 맞는 옷도 추천해 주리라.
　초등학교 삼사 학년 때였지 싶다. 수업 중에 선생님께서 과학이 발달하면 발달할수록 사람들은 불행해질지 모른다고 말씀하셨다. 밥이나 빨래도 기계가 하고, 부산에서 서울까지 하루 만에 갔다 올 수 있는 고속시대가 올 것이다. 그리되면 할 일이 없어진 사람들은 나태해지고 우울증을 앓아서 삶의 기쁨을 모르게 된다고 하셨다. 우리는 우- 하며, 꿈같은 이야기라며 웃었다. 그런 세상이 오면 하늘을 날듯이 좋을 텐데 선생님은 쓸데없는 걱정을 하신다고 짝지와 쑥덕거렸다.

선생님께서 말씀하시던 꿈만 같은 세상에서 산 지도 한참 되었다. 손에 물을 묻히지 않고 밥도 해 먹고 옷도 **빨**아 입는다. 어느 식당에선 로봇이 서빙하고, 커피를 내려주는 로봇 바리스타도 있다니 맛이 어떤지 가보고 싶다. 손바닥만 한 스마트폰으로 온갖 소식을 실시간 알 수 있고, 필요한 물품도 즉각적으로 구매한다.

마음만 먹으면 핸드폰 하나 들고 세상 곳곳을 여행할 수 있다. 머지않아 자율주행차가 도로를 달릴 것이고, 달나라 여행도 간다고 한다. 사람의 손이 아니면 되지 않을 것 같은 농촌에서 드론으로 파종하고 농약도 살포한다.

로봇이 아이들의 보모가 되고 친구가 되기도 한다. 직장을 나가는 부모를 대신해 아이의 수준에 맞게 놀아준다. 잔소리하지 않고 원하는 답을 제때 해주면 아이도 좋아할 것이다. 그러나 아이가 로봇에 익숙해지면 바깥세상과 멀어진다. 자연 속에서 느끼는 미세한 떨림과 놀라운 생명력을 놓친다. 계절의 변화와 다양한 식물과 곤충의 생김새와 색깔 등등의 아름다움에 가슴 두근거리는 일도 없어지지 싶다.

어쩌면 사람들 사이에서 겪는 갈등 같은 건 없어 다행이라 여길지도 모른다. 하지만 자기만의 방에 갇혀 지내다 보면 친구라는 말도 잊고 살 것 같다. 살다 보면 울고 싶을 때가 있다. 모래바람이 부는 사막 한가운데 서 있는 것처럼 막막해서 주저앉고 싶을 때도 있다. 그럴 때 친구가 없다면, 서걱거리는 마음을 무엇으로 달랠 것인가.

의술이 발달해 노령 인구가 늘어나고 있다. 노인은 노인이라서 할 일이 없다. 기관이 고장 난 배처럼 바람에 일렁일 뿐 오라는 곳도, 갈 곳도 없다. 혼자서 주어진 시간과 마주해야 한다. 세상이 변하는 속도를 따라가지 못해서 심심하고 외로워 눈물이 많아진다. 젊은이 못지않게 잘 사는 사람도 있지만 흔하지 않다. 현대인의 외로움은 공동생활이 개인의 생활로 바뀌면서 소외감으로 더욱 깊어진 게 아닐까.

몸살감기가 심해서 병원엘 갔다. 컴퓨터를 들여다보고 있던 의사가 의아한 듯 물었다. 얼마 전에도 몇 번 다녀갔는데 무엇 때문에 몸에 이상이 왔다고 생각하느냐고 했다. 그러고 보니 근래에 자주 병원을 드나들었다. 별다른 일은 없었고, 며칠 바쁜 일이 좀 있었다고 얼버무렸다.

친구들 손자 자랑에 며칠 속 끓였던 게 화근이었다. 자기 길을 잘 가는 아이들이 부모 마음을 아는지 모르는지 손자 자랑할 기회를 주지 않는다. 자식은 마음대로 되지 않는다고 스스로 위안도 하지만 심기가 불편할 때도 있다. 그런 속내를 아랑곳하지 않고 두셋만 모이면 방긋방긋 웃는 손자들 사진을 경쟁하듯 내민다.

의사는 나이가 들면 무리하게 움직이거나 스트레스를 많이 받으면 탈이 나니까 조심하라고 했다. 세월이 가면 몸도 마음도 노쇠해진다는 것을 유념하라는 것 같았다.

요즘 들어 자주 깜빡깜빡 잊는다. 살아온 날이 많아지면 세상을 보는 눈이 밝아질 줄 알았는데 그게 아니다. 갈수록 모르는 게 많아지고 간단한 단어도 기억나지 않아 막막할 때도 있다. 지구촌 소식과 온갖 지식이 다 들어 있다는 핸드폰도 단순하고 익숙한 것만 사용한다. 이러다가 인공기능이 탑재되지 않은 단순한 로봇처럼 될까 씁쓸하다.

너나없이 바쁘게 사는 세상, 로봇이 노인의 외로움을 달래줄지도 모른다. 온종일 말 한마디 나눌 사람이 없는데, 약 먹을 시간과 식사 시간을 알려줄 것이다. 듣고 싶은 노래까지 선곡해서 들려준다면 혼자라는 의식이 조금은 덜어진다. 빗소리, 바람 소리에 흔들리는 내 마음을 다독여 주지는 못하겠지만 심심찮게 말동무는 되어줄 테다.

나라고 별수 있겠는가. 어차피 늙고 쓸쓸해질 것이다. 사람과 사람 사이에 나누는 온기가 없어 마음속 허기는 달래지 못하겠지만 말대꾸를 해주는 것만으로도 어딘가.

그래, 쓸데없는 걱정은 그만하고 로봇 장만할 궁리나 해봐야겠다.

4.
혼자서도 잘 논다

동지매 •
빗소리에 홀리다 •
별일 없습니까? •
진통제 •
산속 음악회 •
흔적을 찾아서 •
태종대 파도 소리 •
무지개 •
사라진 플라타너스 •
혼자서도 잘 논다 •

동지매

• • •

    달큰한 향기에 저절로 걸음을 멈추었다. 주위를 돌아보니 나지막한 양옥집 담 너머로 하얀 꽃이 보였다. 나뭇가지에 다닥다닥 붙은 단정한 꽃과 은은한 향에 마음이 끌렸다. 무슨 꽃일까? 매일 그 집 앞을 지나가며 눈인사를 나누었다.
    하루는 집주인이 나와서 무슨 볼일이 있느냐고 물었다. 나는 꽃이 예쁘고 향기에 끌려 자꾸 오게 되는데 무슨 꽃인지 궁금하다고 했다. 주인은 어깨를 으쓱하며 "어렵게 구한 매화나무인데 이 추위에 꽃을 피웠습니다. 참 곱지요?" 하고는 매화꽃 같은 웃음을 남기고 안으로 들어갔다. 그때만 해도 매화가 귀한 시절이었다.

나도 매화를 가까이 두고 싶었다. 하루하루가 기계처럼 반복되는 일상이지만 매화나무를 친구 삼아 가까이하다 보면 내게도 나무의 정기가 배어들어 촉촉해질 것 같았다. 여기저기 수소문해 매화나무를 구했다. 동지 전후로 피는 설중매였다. 커다란 화분에 심고 '동지(冬至)'라는 명패를 달았다.

키는 작지만, 둥치가 굵어 수령이 오래된 나무였다. 창문 앞 햇볕이 잘 드는 베란다에 두고 때맞춰 물을 주며 벌레가 생길까 봐 유심히 살폈다. 봉숭아, 채송화, 분꽃에 익숙한 내게 매화는 뜻밖의 귀한 손님이었다. 여름엔 시멘트 바닥의 열기를 식히느라 물을 뿌리고 겨울엔 얼어버릴까 전전긍긍했다. 빈 가지로 있는 겨울이 어서 지나갔으면 싶었다.

이듬해, 얼었던 땅이 녹지도 않았는데 바싹 마른 빈 가지 끝에 좁쌀만 한 꽃눈을 내밀더니 날마다 조금씩 부풀었다. 나무 앞에 서 있는 시간이 많아지면서 추운 날은 이불이라도 덮어주고 싶었다. 차츰 녹두알만 하던 꽃봉오리가 팥알만큼 커지더니 1월이 채 가기도 전에 하얀 꽃망울을 터뜨렸다.

찬바람에 파르르 떠는 하얀 꽃잎과 있는 듯 없는 듯 순한 향기에 가슴이 떨렸다. 마치 큰일을 해낸 것처럼 뿌듯했다. 지난날의 나처럼 지나가는 사람들이 무슨 꽃이냐고 묻기도 하고, 그들도 코를 흠흠거리며 부러워했다. 내가 매화나무라도 되는 양 흐뭇했다. 그렇게 매화는 해마다 때 이른 봄소식을 전해 주었다. 정이 흠뻑 들었다.

어느 해 아침, 밤새 눈이 내려 주위가 하얗고 매화 꽃잎도 소복이 눈을 이고 있었다. 나는 하얀 너울을 쓰고 있는 것 같은 꽃을 따다 찻잔에 띄웠다. 한파에 웅크린 몸을 펴듯 꽃잎이 가슴을 활짝 열었다. 매화차 한 잔을 비우니 맑은 향이 전신에 배어들면서 마음이 노긋해졌다. 벚꽃이나 복사꽃처럼 화려하지도 않고 진한 분 냄새도 풍기지 않지만, 무채색같이 밋밋한 내 일상에 맑은 멋으로 다가왔다.

 꽃은 잠깐이었다. 꽃잎에 눈이 내려앉아 빨리 시들어버리는가 하면, 세찬 바람에 꽃봉오리가 서둘러 떨어지기도 했다. 날씨가 포근해지고 벌들이 날아와서 봄이다 싶으면, 어느새 꽃은 흔적도 없고 잎만 무성했다. 햇볕이 따사로울 때 피었더라면 그윽한 향기로 벌이나 나비를 불러들여 한바탕 현란한 잔치를 벌였을 텐데. 꽃피는 봄날은 참으로 짧았다. 귀한 줄 모르고 보내버린 내 젊은 날처럼 아쉬웠다.

 남편의 근무지가 서울로 발령이 나면서 집을 자주 비우게 되었다. 매화나무는 화분에 심어져 물을 자주 주어야 했다. 더군다나 여름엔 매일 주어야 하는데 그럴 수가 없었다. 틈틈이 집에 오면 물을 듬뿍 주고 잘 견디라고 사정했지만, 볼 때마다 까칠했다. 목마르다고 수없이 외쳤을 텐데 그 아우성을 들어주지 못했다.

 여름이 지나면서 잎들이 우수수 떨어졌다. 물을 주어도 생기가 없었다. 그제야 마음이 급해 나무 병원을 찾았다.

잔가지를 잘라보고 밑둥치를 살피던 정원사는 뿌리까지 말라 있어 회복하기가 어렵다고 했다. 지나간 봄, 매서운 바람 속에서도 하얀 꽃잎을 열어 내 마음을 한껏 흔들어 놓았는데 그게 작별 인사가 되고 말았다. 언제나 내 곁에 있을 거라 믿었던 친구가 떠났을 때처럼 황망하고 허전했다. 조금 더 잘해주지 못한 것이 안타깝고 미안했다.

그 후로 이른 봄만 되면 꽃을 찾아 나선다. 내가 놓친 매화가 기다리기라도 하는 양 서두른다. 통도사 '홍매'는 절집의 까만 기와지붕과 새파란 하늘에 빨간색 물감을 톡톡 찍어놓는다. 열정이 넘치는 매화다. 조용한 산사에 저 붉은 빛이라니. 덕분에 눈이 호사한다.

줄기가 땅으로 휘어지고 구부러져 누워 있는 용을 닮았다는 김해 '와룡매'는 갑자기 세상을 등진 내 친구를 생각나게 한다. 혼자 아이 키우며 힘든 세월을 살았다. 그러면서도 미소를 잃지 않았다. 그런 그가 한마디 말도 없이 가버렸을 때야 알았다. 와룡매가 누워서라도 해마다 꽃을 피우는 마음을. 그저 꽃만 보고 아름답다, 향기롭다 했던 나를 돌아보게 된다.

  오래전, 이웃집 담장 너머로 향기를 탐하던 그때처럼 매화나무 아래 서성인다. 제때 물을 주지 않아 놓쳐버린 '동지'가 눈에 삼삼하다. 메마른 도시에서 홀로 묵묵히 꽃을 피우던 나무. 어쩌면 '동지'는 나무의 생리는 생각지 않고 자신의 시계에 맞추는 주인에게 지쳐서 스스로 마음을 접었는지도 모른다. 바람에 매화 꽃잎 하나 하르르 날린다.

빗소리에 홀리다

...

 깊은 밤이다. 사위가 고요한데 속삭임이 들린다. 차마 두드리지 못하고 처마 밑을 서성이는 연인의 발걸음처럼 조심스럽다. 문 쪽으로 귀를 바짝 열어놓는다. 오랜만에 듣는 정겨운 빗소리다.
 단독주택에 살 때는 방 안에서도 비의 기척을 단번에 알아차릴 수 있었다. 이른 봄날의 가랑비 소리는 발꿈치 들고 사뿐사뿐 걷는 무희처럼 가볍다. 잘 익은 열매 떨어지듯 마른 흙바닥에 후드득 쏟아지는 여름날의 소낙비는 뭔가 좋은 일이 생길 것 같은 예감으로 들뜨게 했다. 그러나 아파트에 살고부터는 복잡한 세상사 귀 막고 살라는 듯 두꺼운 유리창이 소리를 삼켜버린다. 그래서 빗소리가 온몸으로 스며들던 즐거움이 사라져버렸다.

빗소리에 잠은 더 멀리 달아나고 옛 기억 하나가 선연하게 떠오른다. 어느 해 사월, 야간 근무를 하고 퇴근해서 잠자리에 누웠다. 잠결에 가느다랗게 누군가 부르는 것 같은 소리가 들렸다. 빗소리였다. 잠이 확 달아났다. 창밖을 내다보니 비가 옷을 적실 만큼 내리고 있었다. 나는 요긴한 약속을 잊고 있었던 것처럼 바삐 우산을 챙겨 부산역으로 갔다.

역은 언제나 활력이 넘쳤다. 목적지는 기차를 타고 가면서 정하기로 했다. 저녁밥을 지을 때까지는 집에 와야 하니 시간에 쫓기지 않고 유유자적하게 걷고 싶으면 밀양이나 청도에 내려야 할 것이다. 그러나 비가 내리는 날엔 대구 동화사나 파계사도 괜찮을 것 같았다. 지정된 좌석에 깊숙이 몸을 묻었다.

어디로 갈까? 떠난다는 건 언제나 설렌다. 혼자 나선

나를 배려했는지 옆자리 승객 없이 기차가 미끄러져 나갔다. 언젠가 책을 읽다 마음에 두었던 고찰 '은해사'가 생각났다. 한 번도 가보지 않았던 곳이다. 어쩐지 비 오는 날과 잘 어울릴 것 같았다. 햇빛 쨍쨍한 날과는 달리 찾는 이가 적어 빗소리와 고요 속에 던져질 생각만으로도 기분이 좋아졌다. 차창에 부딪히는 빗방울도 반기는 것 같았다.

동대구역에 내리니 빗줄기가 굵어졌다. 버스정류장을 찾다 시간이 지체되는 것 같아 택시를 탔다. 익숙한 친구 집 가듯이 은해사로 가자고 했다. 비가 내리는 날, 여자 혼자 택시를 타고 깊은 산속 절집을 찾는 이유가 궁금한지 기사는 연신 룸미러로 흘끔흘끔 나를 살폈다. "영천은 시외라 요금이 많이 나오는데 괜찮습니까?" 물으면서 의혹의 눈길을 멈추지 않았다. 혼자만의 이런 시간은 지금 아니면 없으니, 택시비가 아깝지 않았다.

봄비 추적거리는 절집은 구름을 두른 수묵화였다. 잿빛 구름 사이로 까만 기와지붕이 설핏설핏 내비치다 이내 지워졌다. 그 풍경으로 들어가면 다시는 떠나왔던 도시로 돌아갈 수 없을 것 같은 생각이 들었다. 하지만 내가 모르는 또 다른 세계가 기다리기라도 하는 양 앞만 보고 걸었다. 바람이 불 때마다 나무들이 후드득 우산에 빗물을 뿌리며 인사를 건넸다. 인적이라곤 없는 조그만 암자 툇마루에 앉았다. 단청을 하지 않아 나뭇결이 그대로 살아 있어 고향 집에 온 듯 편안했다. 간간이 새소리만 들릴 뿐 적요했다. 처마 끝에서 떨어지는 낙숫물 소리는 오래전에 떠나온 어린 날로 나를 데려갔다.

그땐 비가 와서 밖에 나가지 못하는 날은 마루 끝에 앉아서 초가지붕에서 떨어지는 낙숫물을 헤아렸다. 손에 빗물을 받으면 노래처럼 리듬이 느껴졌다. 가는 비가 내리면 느리게 투 욱 툭 떨어졌다가 빗줄기가 굵어지면 경쾌한 음률처럼 소리도 커지고 빨라졌다. 하늘에서 내려오는 음악이었다. 이따금 주춧돌에 톡톡 장단을 맞추던 빗방울이 한 번씩 엇박자를 놓을 때가 있었다. 그럴 때 눈을 들어 초가지붕 끄트머리를 보면 대롱대롱 맺혀 있는 빗물이 말간 눈물방울 같아서 괜스레 슬퍼지기도 했다.

　살아오면서 마음을 빼앗긴 게 어디 빗소리뿐이겠는가. 목련꽃이 벙그는 소리나 매화꽃 향기에 취해 일상의 밋밋함을 잠시 잊는다. 가슴 저 밑바닥을 흔들어 놓는 으스스한 바람 소리나 뱃고동 소리는 무인도에 서 있는 것처럼 외로움에 떨게 한다. 그러나 빗소리는 촉촉이 젖어 든다. 무뎌져 닫혀 있는 마음을 열어보라고 한다. 그래서 공기가 눅눅해지고 비가 부슬부슬 내리기 시작하면 길을 나선다. 목적지가 없어도 괜찮다. 파도가 어깨 토닥여 주는 바닷가도 좋고, 빗방울이 굵어지면 가까운 찻집 창가에 앉아도 좋다. 무작정 기차에 오르기도 하고, 버스를 타고 스치는 풍경에 눈을 맡길 때도 있다. 그러면 비를 맞고 서 있는 나무처럼 마음이 풋풋해진다.

　살며시 일어나 베란다 창문을 연다. 나직한 빗소리가 집 안으로 훅 들어온다. 새벽 세 시다.

별일 없습니까?

...

꽃은 피었다. 하얀 새들이 앉아 있는 것 같다. 빈 가지로 서 있던 목련나무가 꽃을 피울 동안 나는 단조로운 일상을 되풀이하고 있다. 밥 짓고, 청소하고, 책을 읽거나 TV를 본다.

'사회적 거리 두기'가 생활화되어 있다. 어쩔 수 없이 바깥 생활과 단절되어 있으니, 무인도에 유폐된 것 같다. 그 섬이 낯설어 수시로 창가를 서성인다. 실속 없이 고단하게 산 것 같아 마음이 참참하다. 이렇게 시간을 보내어도 되나 조바심도 난다. 혹여 바깥세상과의 소통을 놓칠

세라 수시로 전화기를 챙긴다. 사람들 간의 마음마저 멀어질 것 같다.

처음 한동안은 며칠만 지나면 '코로나19'는 잠깐 스쳐 간 사건처럼 될 줄 알았다. 그러나 여러 달이 지났는데도 기세가 수그러들 줄 모른다. 자고 나면 전염병이 사라졌다는 반가운 소식을 기다리지만 심각한 소식만 더한다. 뉴스에는 마스크를 사려고 긴 줄을 선 사람들의 초조한 모습만 자주 보인다. 그러는 사이 매화 꽃잎이 바람에 날리더니 목련이 피고 벚꽃이 눈인사를 보내기 시작한다.

얼마 전부터 저녁 잠자리에 들기 전에 나에게 말한다. '내일은 기차를 타러 가자.' '내일은 서점을 가고 영화를 보러 가자.' '문을 밀고 들어서면 커피 냄새가 훅 끼치는 카페에 가야지.' 한다. 하지만 다음 날 아침이면 늘어나는 감염자 숫자를 보고는 주저앉고 만다. 단조로운 일상에서 잠시 활력을 주던 일들이 요즘은 희망 사항이 되었다.

어제는 용기를 내어 집을 나섰다. 사람이 많이 모이는 장소엔 가지 말라고 경고하니 마땅히 갈 곳이 없다. 도서

관이나 미술관, 웬만한 식당까지도 문을 닫았다. 없던 병도 생길 것 같았다. 늘 사람들로 붐비던 깡통시장에 가보고 싶었다. 어깨가 축 처져 있을 때 시장에 가면 힘이 솟아나지 않던가. 무장을 하듯 마스크를 쓰고 휴대용 손 소독제를 챙겨 버스를 탔다. 몇몇 승객들의 시선이 일제히 나에게로 향했다. 적군인지 아군인지 경계하는 것 같았다. 나 역시 저 사람 중 누군가가 바이러스로 치명타를 날릴지 모를 일이니, 그들과 뚝 떨어져 창가에 앉았다.

　시장도 절간 같았다. 가게 문을 닫은 데도 여러 곳이고 난전에 앉아 있던 노인들도 보이지 않았다. "이참에 구부러진 허리 쭉 펴고 쉬면 되겠다."고 말한 사람도 있었다 한다. 하지만 하루 이틀도 아닌 몇 달을 쉬어버리면 그들의 생계에 문제가 생길 것이다.

　이 골목 저 골목을 걸어 다니다 보니 생각했던 것보다 어려운 사람이 많음을 알 수 있었다. '나 어렵소.' 말하지 않아도 오지 않는 손님을 기다리며 앉아 있는 상인의 모습에서 외줄을 타고 있는 듯한 절박감을 느낄 수 있었다.

코로나19보다 하루하루 사는 게 무섭다는 말이 실감 났다. 돌아올 땐 시든 채소를 한 무더기 안고 오는 것처럼 마음이 무거웠다.

그날 저녁에 전화가 왔다. 한동안 소식 뜸했던 친구였다.
"별일 없나?"
"그래 별일 없다. 조용해지면 만나자."

대수롭잖게 쓰던 '별일 없다.'는 말이 이렇게 반갑고 귀할 수가 없다. 버스를 타거나 전철을 타고 영화관도 가고, 친구들과 밥을 먹고, 차를 마시며 근황을 이야기할 수 있던 일상을 당연한 듯이 살았다. 때맞춰 비가 내리고, 꽃이 피고, 바람이 부는 듯이 말이다. 시끌벅적한 시장에서 삶의 활기를 느끼던 시간도 내가 부지런해서 누리는 여유로움으로 착각했다. 그 모든 소소한 일들이 별일이 없어야 가능했다. 별일 없음이 얼마나 큰 별일인가를 모르고 살아왔다.

창가를 서성이다 집 안을 살펴본다. 여기저기서 내 손을 기다리는 것이 많다. 베란다 구석에 있는 항아리들이 먼지를 닦아 달라고 고개를 내민다. 켜켜이 쌓인 장롱 안의 이불들이 바람이 그립다고 아우성친다. 나는 빼곡히 꽂힌 책들을 솎아내고, 옷장과 신발장도 과감하게 정리한다. 그리고 밑바닥을 드러낸 도라지 차와 우엉차를 만들어 유리병 가득 채우며 허한 마음을 다스린다.

따뜻한 도라지 차 한 잔을 들고 앉으니 불안하던 마음이 조금씩 엷어진다. 가면처럼 마스크를 쓰고 서로를 경계하는 이러한 사태가 쉽게 잦아들 것 같지 않다. 이참에 나를 들여다보는 시간을 자주 가질까 한다.

별일 없이 무사한 오늘 하루가 고맙다.

진통제

...

 잇몸에 마취 주사를 쿡 찌르는 순간 전기에 감전된 듯 온몸이 움츠러들었다. 서서히 입안이 마비되면서 육십 년 동안 내 몸을 지탱하는 데 한몫을 했던 어금니가 단숨에 뽑혔다. 핀셋에 잡혀 나온 치아는 내 눈앞에 잠시 머물고 미련 없이 버려졌다. 섭섭해할 틈도 없이 바로 임플란트 시술을 한다고 했다. 몇 해 전 윗니 시술했을 때 고생했던 일이 떠올라 가슴이 덜컥 내려앉았다.
 의사의 커다란 손이 작업하는 데 불편할까 봐 입을 최대한 크게 벌리고 있으니 침은 더 많이 분비되고 숨이 넘어갈 것 같았다. 저절로 얼굴이 찡그려졌다. 수술포를 쓰고 있어서 표정을 내보이지 않는 것이 그나마 다행이었다. 날카로운 기계음이 계속 들리니 괴롭고 불안해서 다리에 힘을 줬다. 그러나 진통제 덕분에 큰 통증은 느끼지 못했다.

  시술이 끝나고 집에 오니 입안은 묵직하고 몸은 힘이 다 빠져나간 것 같았다. 푹 자고 나면 나으려니 하며 처방받은 약을 먹고 일찍 잠을 청했다. 약은 항생제와 진통제라고 했다.

  새벽에 마취가 풀리면서 목부터 뒷머리까지 욱신거렸다. 불에 덴 것처럼 아리고 열이 났다. 얼음찜질하고 진통제 두 알을 삼켰다. 약이 없으면 이 아픔을 어떻게 견딜지 생각하니 약이 고마웠다. 차츰 통증이 가셨지만 쉬 잠을 이루지 못했다. 아프니까 마음도 약해지는지 일찍 세상 떠난 엄마 생각이 나서 한참을 숨죽여 눈물을 닦았다.

  몇 해 전, 머리에 압박붕대를 두르고 피 주머니를 매달고 병실에 누워 있던 때였다. 병원에 입원하면 혼자 있을 시간이 많아서 좋을 거라 생각했다. 모처럼 한적함을 누리리라 했다. 일급비밀인 양 형제들에게도 알리지 않고 책 몇 권만 챙겼다. 그러나 종합병원은 많은 사람이 드나드는 공간이라 혼자 있어도 호젓할 수 없는 곳이었다.

한 주일쯤 지나도 부기가 빠지지 않고 부스스한 내 모습에 화가 났다. 같은 날 수술했던 환자들이 하나둘씩 퇴원하니 조바심도 났다. 그러다 옆 병상의 환자가 최악의 상태로 떨어지는 것을 볼 때 섬뜩해서 가슴을 쓸어내렸다. 아무것도 해 놓은 게 없는 내 삶이 서글펐다. 잠들지 못하는 날들이 이어졌다. 사람이 그리웠다. 말이 하고 싶었다. 몇몇 지인에게 전화했다.

그날은 아침에 회진 온 의사로부터 수술 부위가 가라앉지 않고 계속 출혈이 있어서 재수술해야 할지도 모른다는 소리를 들었다. 불안감에 잔뜩 웅크리고 누워 있었다.

"아이고, 여기 화가 '고흐'가 누웠네."

귀에 익은 목소리에 초조하던 마음이 순식간에 달아났다. 가까운 지인들이 와주었다. 다들 바빠서 짬을 내기가 어려운 사람들이라 반가웠다. 아픔도 잠시 잊고 일상으로 돌아간 듯했다. 한 친구는 따끈한 흑임자죽을 끓여와 며칠 빈속을 데워주었다.

임플란트 시술이나 이하선종양 수술도 고통스럽지만, 마음의 병도 가볍지 않다. 겉으로 드러나지 않는 우울증이나 소외감은 몸과 마음 모두 힘이 든다. 약만으로는 치유되지 않는다. 이럴 땐 스스로 헤쳐 나올 수 있는 자신만의 진통제를 만들어 이겨내어야 한다.

나는 이럴 때 대체로 혼자서 삭인다. 영화를 보거나 아무도 없는 곳에서 실컷 울고 나면 속이 좀 후련해진다. 시골 오일장이나, 사람이 북적거리는 재래시장에 간다. 아니면 찻집에 앉아 창밖으로 길 가는 사람들을 바라본다. 한참을 보고 있으면 허리를 펴고 두 발로 걸을 수 있음에 감사하게 된다. 이렇게 시름없이 앉아 있을 수 있는 것도 다행이라 생각한다. 그러다 보면 견디기 힘든 마음도 시나브로 진정된다. 하지만 그 모든 것보다 사람들과 함께하는, 사람의 훈기가 제일 좋은 진통제다.

밤잠을 설치게 하는 이 통증은 시간이 흐르면 사라진다. 새로운 임플란트 구조물은 한동안 불편하겠지만 차츰 자리를 잡아 익숙해질 것이다. 지금은 약을 먹고 그냥 통증을 견딜 수밖에 없다.

세상을 살아가는 누구에게나 아픔과 고통이 있다. 육체적 혹은 정신적으로 감당해야 할 크기와 무게의 차이는 있겠지만 피해 갈 수 없는 삶의 한 부분이 아니겠는가. 그나마 약으로 가라앉힐 수 있는 통증은 다행이다.

산속 음악회

...

봄비가 그치자, 진달래꽃이 온 산을 물들이고 있다. 방금 분홍색 물감을 뿌려놓은 것 같다. 와! 탄성이 절로 나온다. 이 땅에 얼마나 오랜 세월 뿌리를 내리고 살았는지 키가 크고 꽃도 많이 피었다. 색깔도 곱다.

바람에 나부끼는 게 분홍빛 나비 같다. 나풀거리는 게 예뻐서 꽃가지 하나를 꺾어 머리에 꽂는다. 나도 나비다. 나비가 된 나는 이 꽃 저 꽃을 옮겨 다니며 사진을 찍고 향기도 맡는다. 꽃에서는 달뜨지 않는 연한 풋내가 난다.

불광산 척판암 가는 길이다. 산속에는 인적이라곤 없다.

이마를 적시는 안개와 만개한 꽃 속에 서니 옛날 생각이 난다. 어릴 때부터 새벽에 일찍 눈이 뜨이면 가까운 뒷산을 찾았다. 봄이면 진달래, 할미꽃이 지천이었고 새소리가 끊이지 않았다. 가끔, 아주 가끔 웅변 연습을 하는 사람이 있을 뿐, 이른 새벽에 산에 오는 사람은 별로 없었다. 그래서 내가 이 산 저 산 뛰어다니며 동요나 가곡을 산이 울리게 불러도 거칠 것이 없었다. 그렇게 노래를 부르고 나면 날아갈 듯 마음이 가벼워졌다.

그때처럼 노래를 부르고 싶다. 만지면 연분홍 꽃물이 묻어날 것 같은 꽃에 눈인사만 하고 가기엔 너무 아쉽다. 조금 언덕진 곳에 피어 있는 꽃무리 앞에 선다. 무대에 초청된 가수인 양 두 손을 배꼽에 모으고 허리 굽혀 정중히 인사를 하고 노래를 부른다.

머언 산에 진~달래 울긋불긋 피었고
보~리밭 종~달 새 우지우지 노래하면
아~득한 저 산 너머 고향 집 그리워라.

버들피리 소리 나는 고향 집 그리워라.

조용하던 산이 수런대는 것 같다. 축하를 해주듯 나뭇가지 끝에 달려 있던 빗방울이 후드득 머리 위로 떨어진다. 딱따구리도 딱 딱딱 박수를 쳐주고, 지나가던 바람도 얼굴을 쓰다듬어 준다. 친구는 산속의 깜짝 음악회라며 카메라 셔터를 연거푸 누른다. 그러고 보니 산에 사는 모두가 청중이다.

나는 남 앞에 서는 것을 좋아하지 않는다. 잘하는 게 없으니 서 본 적도 없다. 그런데 이렇게 많은 청중 앞에서 노래를 부르다니. 온몸이 맑은 빗물을 머금은 듯 팽팽해진다. 묵직하던 가슴이 시원해진다. 발끝을 힘껏 차면 새처럼 날아오를 것 같다. 순간 이른 새벽 노래로 잠자는 산을 깨우던 열네댓 살 때로 돌아간 듯하다.

산이 떠나갈 듯이 다시 노래를 부른다. 산속 음악회가 절정을 향해 치닫는다.

흔적을 찾아서

...

그대로 있기나 할까?

초등학교 다닐 때까지 살던 옛집이 궁금하다. 그리 멀지도 않은데, 가본 지가 꽤 오래되었다. 햇볕 좋은 날 친구 만나러 가듯 집을 나선다. 지하철을 타고 버스로 환승을 해서 동네 초입 버스 정류소에 내린다.

조용하고 정감 넘쳤던 마을이 낯설다. '재개발'이라는 이름을 달고 여기저기 높은 건물이 들어섰다. 바다도 보이지 않는다. 이른 아침 창문을 열면 눈을 씻어주던 푸른 바다. 마을 어디에서나 한눈에 들어오던 그 바다를 고층 아파트가 겹겹이 막아섰다. 화려한 도시 일부를 옮겨다 놓은 것 같다.

집으로 가는 길도 낯설긴 마찬가지다. 지날 때마다 군침을 돌게 했던 찐빵집이 없어졌다. 국수를 뽑아 하얀 옥양목 빨래같이 긴 장대에 걸어 말리던 가게도 보이지 않는다. 저녁때가 되면 마른국수를 잘라서 신문지에 말기 바쁘게 팔리던 국수. 김이 술술 나는 콩물을 끓여 두부를 만들던 집도 흔적이 없다. 한참을 걸어 내가 살던 집을 두리번거리며 찾는다. 근방이 모두 말쑥한 새 건물이어서 잘못 찾아왔나 싶다. 철 따라 꽃들이 달큰한 향기를 내뿜었다. 특히 자귀나무꽃이 피면 온 동네가 환했다. 이제 그 나무도 없으니, 위치를 가늠할 수가 없다. 여기였는지 저기였는지 한참을 근처만 슬슬 배회하다 돌아선다.

친구가 살던 집에 가보기로 한다. 우리 집 옆으로 큰길을 따라 쉬엄쉬엄 걷다 골목길로 접어들면 몇 집 건너 친구 집이 있었다. 낮은 담 너머로 고개 내민 접시꽃과 빨랫줄에 펄럭이는 옷가지들로 환하던 골목이었다. 햇빛도 낮게 내려와 앉고 바람도 부드럽게 어깨동무 해주던 곳이었다. 까치발로 대문 너머로 친구를 불러내어 단발머리 나부끼며 숨바꼭질하며 놀던 곳. 그들은 어디에서 추억을 그리워하며 나이 들어갈까?

큰길을 조금 벗어나니 어설픈 가림막이 앞을 막는다. 허물어진 건물들과 버려진 살림살이가 사람이 살지 않는다고 말하고 있다. 멀찍이서 털이 까만 고양이가 나를 감시하듯 빤히 쳐다본다. 잠시도 머물고 싶지 않다. '여기도 이제 다시는 올 일이 없겠구나.' 혼잣말하며 서운함을 달랜다.

그때 등 뒤에서 누군가가 바라보는 것 같은 따가운 시선이 느껴졌다. 누구지? 저만치서 손짓하듯 반짝이는 게 있어 다가가 본다. 벽에 걸었던 긴 거울이다. 가뭄에 말라버린 논바닥처럼 금이 쩍쩍 갔다. 온 식구들이 아침저녁 닦아주고 눈을 맞추던 거울은 주인을 기다리다 지쳤는지 거무스레하게 변해가고 있다.

인기척에 놀란 듯 잠깐 햇살을 튕겨낸다. 그나마 온전

한 부분에 주름진 내 얼굴이 어둡게 비친다. 무표정한 내 모습이 낯설어 얼른 외면한다. 어슴푸레 남은 빛으로 나를 불러 세운 것을 보면 아직 속절없는 희망을 품고 있는 것 같다. 다시 오지 않는 시간을 기다리는 것만큼 애달픈 게 있을까. 나는 눈을 감기듯 낡은 비닐 조각으로 덮어 주고 돌아선다.

거울 옆으로 골목길의 흔적이 조금 남아 있다. 어렴풋한 기억을 더듬으며 천천히 걷다 보니 옛 자취들이 조금씩 눈에 들어온다. 녹슨 철 대문과 빛바랜 푸른색, 노란색 대문들이 비스듬히 누워 삭아 내리는 중이다. 검게 쪼그라진 석류를 매달고 있는 나무가 기울어지는 담벼락을 붙잡고 시름시름 앓고 있다. 깨어지고 넘어진 것들 사이에서 커다란 항아리 하나가 온전한 모양을 하고 있다. 들여다보니 엊그제 내린 빗물을 받아 파란 하늘을 들여놓고 날벌레 몇 마리 품었다.

아이들 소리로 왁자했던 골목이었다. 술에 취한 어느 집 가장의 엇박자 유행가 가락에 푸근한 미소 한 가닥

얹어주는 따뜻함도 있었다. 집집의 밥 짓는 냄새와 소박한 음식들이 담장 너머로 이웃에 건네지던, 사람 냄새 그득한 동네였다. 환영처럼 하얀 머리카락에 비녀를 꽂은 노인들이 양지바른 곳에 무심히 앉아 있던 모습이 떠오른다. 먼 기억 속의 사람들.

 옛것이 흔적도 없이 사라져버린다. 내 어린 날을 기억해 주는 사람이 없어지는 것처럼 쓸쓸하다. 발아래 삭고 부서진 흔적 위로 세세히 스미는 봄볕이 밝다. 돌이킬 수 없는 시간에 대한 그리움이 목울대를 타고 올라온다. 코끝이 찡하다. 마음속의 섬 하나 사라져간다.

태종대 파도 소리

・・・

 비 그친 오후 세 시. 파도 소리가 듣고 싶어 나섰다. 지하철과 버스를 번갈아 타고 종점에 내린다. 공기부터 다르다. 빠르게 변해가는 세상이라 태종대도 몰라보게 변했다. 도로도 잘 닦여 있고 숲속 오솔길은 걷기 좋게 다듬어 놓았다. 아이나 어른 할 것 없이 장난감 기차 같은 다누비를 타면 편하게 한 바퀴 둘러볼 수도 있다.
 바다를 끼고 걷는다. 햇빛에 반짝이는 나무들에 눈이 부신다. 짭조름한 해풍이 부드럽게 얼굴을 간질인다. 눈을 지그시 감고 입으로 코로 바람을 들이마신다. 폐부 깊숙이 바다 내음이 번진다. 이 길을 걸으면 태종대에서만 들을 수 있는 파도 소리에 귀가 즐겁다.

자갈을 굴린 파도가 바람을 얼싸안고 한바탕 뒹굴다 나무들 사이로 빠져나오는 소리다. 날씨가 맑은 날은 천진무구한 아이들이 웃는 것처럼 경쾌하다. 그러나 안개가 잔뜩 낀 날은 아쉬움이 남아 있는 한숨 소리처럼 들린다. 나는 지그시 눈을 감고 귀를 활짝 열어 놓는다. 그 소리는 고인 물처럼 가라앉아 있는 마음에 물결을 일으킨다.

태종대 파도 소리를 처음 들었던 것은 초등학교 소풍을 왔을 때였다. 보자기에 김밥, 사이다, 사탕을 싸서 들고, 앞사람과 간격을 맞춰 걸었다. 길이 좁고 숲이 우거져 낙오자가 생길까 봐 선생님은 짝을 지어 걷게 했다. 교가를 부르거나 앞뒤 아이들과 장난을 치며 걷는 소풍 길은 이야기 소리와 웃음소리가 평상시보다 한 옥타브 높았다.

그 왁자한 틈을 비집고 들려오는 파도 소리가 기분 좋은 노래처럼 온몸에 스며들었다. 박하사탕을 먹은 뒤의 입 안처럼 마음이 상쾌했다. 학교 앞 바닷가에서 들던 파도 소리와는 달랐다. 길게 혹은 짧게, 철썩~ 철썩이면서 한동안 내 주위를 맴돌았다. 그땐 몰랐다. 바닷물이 돌을 어루만지는 소리를 숲 사이로 들으면 그렇게 운치 있고 특별하다는 것을. 그리고 이 나이가 될 때까지 그 파도 소리를 좋아하게 될 줄은….

태종대는 울창한 숲이 바다와 맞닿아 있다. 해안이 높은 절벽으로 되어 있어 수심이 깊고, 물살이 세다. 해변도 자갈밭이라 물빛이 검푸르고 파도 소리도 거친 편이다. 태풍이 부는 날은 집채만 한 파도가 우우, 스크램을 짜고 달려와 모든 것을 부숴버릴 기세로 바위에 부딪힌다. 바다 깊숙이 켜켜이 묻어둔 슬픔을 토해 내는 것 같다. 그래서 그 앞에 서면 체증처럼 막혀 있던 내 가슴도 시원하게 뚫린다.

주위가 축축해지더니 안개다. 자갈마당 입구까지 왔는데 앞이 보이지 않는다. 온몸이 구름 위를 나는 비행물체처럼 허공에 붕 떠 있는 느낌이다. 느리게 한 발, 한 발을 내디딘다. 내가 어디에 서 있는지 몰라 방황할 때처럼 조심스럽다. 잠시 후, 바람이 비단 치마를 감아쥐듯이 안개를 걷어간다. 어슴푸레 주변의 나무가 모습을 드러낸다. 나뭇잎도 촉촉한 물기를 머금고 반짝인다.

가파르고 좁은 길을 따라 자갈마당으로 내려간다. 자갈이 물결과 좌르륵좌르륵 노닥이는 소리가 좋아 올 때마다 찾는다. 파도가 잔잔하다. 작고 납작한 돌멩이 하나 주워 물수제비를 뜬다. 통, 통, 통. 옛 기억 몇 개가 고개를 내민다.

얼마 전, 소풍을 같이 왔던 친구와 여길 왔었다. 우리는 까마득한 옛 친구들의 이름을 떠올리며 기억을 더듬었다. 영영 만나볼 수 없는 친구 소식엔 마음 아파했다. 뭐니 뭐니 해도 제일 재미있는 이야깃거리는 담임이었던 총각 선생님 이야기다.

선생님은 사범학교를 졸업하고 처음 발령을 받아오셨다. 훤칠한 미남이라 여학생들에게 인기가 많았다. 소풍을 왔을 때 같이 사진을 찍자고 하면 멋지게 폼을 잡아주시곤 했다. 음악 시간에 높은음이 제대로 나오지 않으면 종종 얼굴을 붉혔던 선생님. 우리는 붉은 얼굴을 책으로 반쯤 가리고 돌아서던 모습을 흉내 내며 철없던 그때처럼 한바탕 웃었다. 웃음소리가 맑은 날의 파도 소리 같았다.

저만치 앞서가는 젊은 남녀는 바다를 배경 삼아 사진 찍느라 바쁘다.

"한 번 찍어주세요."

"하나, 둘, 셋. 파도 소리까지 들어 있으니 집에 가서 잘 들어보세요."

바다 한쪽을 떼어준 것처럼 마음 푸근해진다.

꼬리를 길게 늘인 다누비가 느릿느릿 스쳐 간다. 타고 가던 아이가 얼굴을 내밀고 손을 흔든다. 나도 팔을 한껏 뻗어 푸른 바람 한 자락 실어 보낸다. 이제 태종대는 원시적인 낭만은 없어졌다. 하지만 늙지 않는 파도 소리는 아직도 내 가슴을 뛰게 한다.

무지개

...

12월 어느 날 근무처로 수취인 없는 편지가 날아들었다. 155마일 휴전선에서, 혹은 ○○ 병사로부터….

별 이상한 사람도 다 있다며 쓰레기통에 던졌다. 하루 이틀 사흘, 편지는 매일 왔다. 어쩌다 하루 빠진다 싶으면 이튿날엔 두 통이 왔고, 이틀이 빠진다 싶으면 세 통이 날아왔다.

편지도 물건처럼 받기만 하니 은근히 부담감이 생겼다. 마침 친구들에게 크리스마스카드를 보내던 때였다. 한 장 더 마련해 '편지 쓰다 벌 받지 말고 군 생활 잘 하라.'며

위문편지 삼아 띄웠다. 시작은 그때부터였다. 우편함을 자주 기웃거리게 되고 대수롭지 않던 글이 궁금해지기 시작했다. 그리움이라는 것을 어렴풋이 느끼게 되었다. 편지는 봄을 두 번째 맞을 때까지 계속되었다.

편지는 두툼한 한 권의 책처럼 묶어졌다. 단조로운 일상들을 적어 보내준 그 편지들은 내게 상상의 날개를 달아주었다. 보초 서면서 후딱 적은 글은 보고문 형식이고, 술 한 잔 마신 날 쓴 글은 감상문이었다. 강원도 산골의 정취를 그린 듯이 적어서 그곳 풍경들을 보지 않고도 알 수 있게 해주었다. 그리고 시월이면 첫눈 소식을 알려주었다.

나 역시 혼자 여행도 잘 다닐 때라 쓸 것도 많았다. 새소리, 파도 소리, 완행열차, 시골 버스가 편지지에 담겼다. 먼 곳을 동경하던 마음들, 새로운 여행지에서 느낌을 적어 보냈다.

요즘과 달리 그때는 편지를 많이 쓰던 시절이었다. 잡지 뒤쪽의 펜팔 난을 보고 '미지의 그대에게'로 시작되는 글이 오래 이어져 인연을 맺기도 한다는 사연이 심심찮게 들릴 때였다. 처음 만날 때는 붉은 장미꽃을 손에 들고 있거나, 빨간색 스카프를 착용한다든가 해서 서로를 알아본다고 했다. 그뿐만 아니라 아침저녁 학교 오가는 길에 자주 눈길 마주치던 남학생은 쪽지 편지를 슬쩍 가방에 찔러 넣기도 했다. 애틋한 마음의 향기가 전해지던 때였다.

그렇게 오랫동안 글을 주고받던 우리의 만남은 아주 짧았다. 소심한 내 성미가 '이쯤에서' 하고 그만두고 말았다. 통속소설 속의 주인공이 되는 게 싫었는지 모르겠다. 어떻게 그 많은 시간을 아무것도 아닌 것으로 할 수 있느냐고 항변했지만, 어느 시 구절로 대답을 대신했다.

(중략)
설령 눈감지 못할 밤이
외롭게 얼마쯤은 온다 해도
내일쯤은 잊힐 몸부림이라고 생각합니다.
(중략)

폭우가 쏟아져 24시간 비상근무를 하던 날이었다. 한밤중, 잠이 쏟아지기 시작할 즈음 전화가 왔다. 노래를 들으면 시간이 잘 간다며 수화기에 대고 기타를 쳐주었다.

"바닷가에 모래알처럼 수많은 사람 중에 만난 그 사람~."

이제는 아득한 기억 저편의 사람. 어떻게 변했을까. 풀꽃 같다고 말한 나를 기억이나 할까. 그땐 수줍어 커피 한 잔도 마시지 못했지만, 이제는 담담히 살아온 이야기도 할 수 있을 것 같다.

낡은 편지 묶음을 찾아본다. 이사를 여러 번 하다 보니 어느 결에 없어졌는지 흔적도 없다. 설사 종이는 누렇게 변색하였더라도 그 사이사이에서 달콤하면서도 아릿한 옛 기억들이 되살아 잠시나마 청춘의 그 시절로 돌아갈 수 있을 텐데. 이제 다시는 그런 편지들을 쓸 수도, 받을 수도 없다. 사라진 편지 갈피에서 잡을 수 없는 일곱 빛깔 무지개가 아른거린다.

사라진 플라타너스

...

두어 아름은 됨직한 고목이었다. 아파트 옆 조붓한 길가에 서서 지나는 이들을 향해 큰 손을 흔들어 주던 플라타너스가 흔적 없이 사라졌다. 여름이면 그늘이 짙어 사람들의 쉼터가 되어주었던 나무. 낙엽 지는 가을이면 커다란 갈색 잎이 서걱거리며 굴러가는 소리에 바쁜 도시인도 잠시 발걸음을 멈추고 하늘을 올려다보았다. 나도 이따금 해 질 녘이면 그 나무에 기대서서 어둠이 내려앉는 도시의 모습을 보며 살아온 날들을 돌아보기도 했다.

천변에 이사와 처음 이 나무를 보았을 때 까마득히 잊

고 있던 지난 옛날이 생각났다. 반가웠다. 학교 가는 길과 단발머리에 코고무신을 신고 뛰어놀던 모습이 떠올랐다.

플라타너스는 고향 초등학교 운동장을 빙 둘러서 있었다. 그늘이 짙어 체육 시간에 땀을 흘리고 나면 모두가 나무 아래에서 쉬었다. 수업이 끝나면 친구들과 삼삼오오 모여 땅따먹기, 고무줄놀이 등, 해 지는 줄 모르고 놀던 곳도 그 나무 아래에서였다. 그런 나무가 서 있던 자리가 말끔히 손질되어 있다. 거리가 휑하다. 가물가물한 어린 시절의 한 귀퉁이가 잘려 나간 것 같은 허전함에 한동안 주위를 맴돈다.

며칠 전 오랜만에 만난 친구로부터 전해 들은 소식 때문에 마음이 찹찹해서 더 충격이었는지 모른다. 그날 우리는 시간 가는 줄 모르게 쿡쿡거리며 웃기도 하고 깊은 한숨도 내쉬며 지나온 이야기들을 풀어놓았다.

그렇게 한참 이야기가 오간 뒤에, 내가 한 친구의 안부를 물었다. 말보다 눈으로 먼저 반기던 친구 소식이 궁금했다. 눈이 크고 말씨가 조용하고 잘 웃던 아이였다. 오래 함께하자고 약속했지만, 학교 졸업하고 사회생활을 하면서 서로가 멀어졌다. 잠깐씩 생각이 나기도 했지만, 다음으로 미루었다. 그러다 보니 어느새 머리카락이 희끗희끗해졌다. 아이들이 자리를 잡아 집을 나가고, 생활에 여유가 조금씩 생기면서 여기저기 수소문해 보았지만, 알 수가 없었다.

"네 몰랐나? 그 친구 간 지 한참 됐다."

"어머나, 어쩌다가."

나도 모르게 목소리가 커졌다.

"건강했는데 어느 날 갑자기 쓰러져서는 못 일어났다."

느닷없는 대답에 순간 목에 무엇이 턱 걸린 것같이 말이 나오지 않았다. 아직은 죽음을 입에 담기엔 이르다 싶었다. 연락은 하지 않고 지냈지만 어디에선가 잘살고 있으려니 했다. 세월이 흐른 어느 날, 우연히 만나게 되면 반갑게 손을 맞잡고 옛이야기를 할 수 있으리라 생각했는데….

늘 거기에 있을 것이란 기대는 누누이 깎아지른 듯한

절벽에서 떨어지는 것처럼 마음 떨리게 한다. 고향의 옛집을 찾았을 때, 낯선 빨간 벽돌 건물 앞에서 돌아서며 허탈감에 휘청거렸다. 언제 따뜻한 밥 한 끼 하자던 약속을 하늘나라에서나 할 수 있게 되었을 때, 나는 바람에 서걱대는 마른 옥수숫대처럼 울었다. 그리고 내 어린 날과 젊은 엄마나 아버지의 이야기를 해줄 사람이 단 한 사람도 남아있지 않게 되었을 때, 세상이 텅 비어버린 허전함에 가슴이 시렸다.

오고 가는 자연의 질서는 누구도 거스를 수 없다고 입으로 말하면서도 내일을, 더 먼 날을 기약하는 나를 본다. 오래지 않아 나도 여기에 존재하지 않는다는 사실을 수시로 잊고 지낸다. 넓은 잎새 흔들며 살아 있음을 노래하던 플라타너스는 이제 여기에 없다.

사라지는 것은 혼자 사라지지 않는다. 나무에 기생해 살던 온갖 벌레들과 둥지 속의 새들도 함께 떠났다. 사방이 아파트로 둘러싸인 회색 도시에서 큰 나무에 등 기대어 멀리서부터 차츰차츰 어두워지는 풍경을 바라보던 나만의 시간도 사라졌다. 나무는 집착을 버리고 사라지는 것에 익숙하라는 무언의 가르침을 주고 갔다. 플라타너스가 사라진 거리에 어둠이 내린다.

혼자서도 잘 논다

・・・

장맛비가 오락가락하는 날이다. 오라는 곳도, 갈 곳도 없다. 책을 들어도 눈이 글을 밀어내고, TV를 봐도 재미가 없다. 하릴없이 아파트 베란다에서 밖을 내다보니 연분홍 꽃을 피우던 나무는 어느새 녹음이 한창이다.

내 젊은 날이 잠깐이었던 것처럼 저 나무들도 곧 단풍 들고 낙엽이 되리라는 생각이 들면서 나도 모르게 〈동심초〉를 부른다. 소리가 커지는 순간 아차! 여긴 아파트가 아닌가. 서둘러 밖으로 나와 여기저기 걷다 보니 '코인 노래방'이라는 간판이 눈에 들어온다. 어떤 곳인지 궁금하다.

코인이라는 말에 젊은이들이 이용하는 곳 같아서 문 앞에서 주위를 살피며 이럴까 저럴까 망설인다. 흠! 큰맘 먹고 낯선 집에 방문할 때처럼 조심스럽게 유리문을 밀고 들어선다. 카운터에 앉아 있던 젊은 남자가 반갑게 방을 안내해 준다. 두 사람이 들어가면 꽉 찰 것 같은 좁은 방이다. 둘이 앉으면 될 긴 의자와 노래책, 마이크와 종이컵이 손님을 기다리고 있다. 동전을 넣어야 하느냐고 물었더니 지폐를 넣으면 된다고 한다. 쑥스럽고 어색하다.

천 원 지폐 한 장을 펴서 넣으니, 먹이를 낚아채듯 눈 깜짝할 사이에 스르륵 빨아들인다. 노래 세 곡이 입력된다. 예전엔 한 시간 단위로 계산했는데 지금은 지폐를 투입한 금액만큼 곡이 들어온다.

마이크 잡아본 지가 언제인가. 노래책을 뒤적여 제목 세 개를 예약한다. 기다렸다는 듯 〈한계령〉 전주가 흘러나온다. "저 산은 내게 잊~으라 잊어버리라 하고~." 목이 영 껄끄럽다. 몇 번을 꺽꺽거리다 겨우 마무리하고 〈편지〉를 부른다. 자주 흥얼거리던 곡이라 부드럽게 넘어간다. 분위기 깨는 노래 불렀다고 타박할 사람도 없고, 못 불러서 기죽을 일도 없다. 다른 사람들과 마주칠 일도 없고, 마음 편하게 소리 질러도 된다. 서두를 필요도 없다. 유행에 맞게 혼자서 노래 부르는 사람들을 위한 시설이다.

예전에 친구들을 만나면 식사를 하고 몇이 어울려서 노래방을 찾기도 했다. 쿵작쿵작 음악이 귀를 때리고, 조명 등이 번쩍이던 시끌벅적한 분위기에서 누가 먼저랄 것도 없이 소리치며 방방 뛰었다. '노래방은 무슨?' 하며 심드렁하던 친구도 탬버린을 흔들며 흥을 돋우었다. 즐기지도 않는 맥주를 홀짝이며 서로 먼저 부르려고 마이크 쟁탈전도 뜨거웠다. 그럴 때 "당신은 무슨 일로 그리합니까 홀로이 개여울에~." 하면 두 소절도 부르기 전에 아웃된다. 한창 흥이 오를 때 찬물 끼얹지 말라는 거다. 밖으로 나올 땐 발그레 상기된 얼굴로 다음을 기약했다.

다시 지폐 두 장을 넣고 여섯 곡을 선곡한다. 세월 저편에 까마득히 잊고 지냈던 노래들이 신기하게 고개를 내민다. 〈하얀 손수건〉, 〈친구여〉, 〈사랑, 그 쓸쓸함에 대하여〉 등등. 통장에 현금을 넣은 것처럼 마음이 넉넉해진다. 학생 때 음악 실기 시험을 치르듯 뻣뻣하게 서서 부르다 어느새 어깨까지 들썩인다.

노래라는 게 참 신기하다. 큰소리로 부르고 나면 이런 저런 일로 구겨져 있던 마음이 다림질한 것처럼 반듯하게 펴진다. 때론 함께했던 옛 벗들이 생각나 잠시 목이 멜 때도 있지만 그건 잠깐이다.

조용하던 옆방에서 갑자기 노랫소리가 들린다. 노래라기보다 악을 쓴다. 요즘 젊은이들이 많이 부르는 곡인데 음정, 박자가 엉망이다. 목소리로 보아 앳된 청년 같다. 같은 목소리가 계속 들리는 것 보니 거기도 혼자 온 것 같다. 저 나이쯤 되면 친구가 많을 텐데 왜 혼자 왔을까? 재수생일까? 취업 준비를 하다 갑갑해서 소리 한 번 질러보려고 왔을 수도 있겠다. 친구들은 학교에 가거나 직장에 가고 없으니, 나처럼 길 가다 불쑥 들어왔는지도 모른다. 그런데 진짜 노래 못 부른다.

나는 노래 부르길 좋아한다. 길을 걸을 때도 콧노래를

부르거나 흥얼거릴 때가 많다. 어릴 때는 새벽에 일어나 산이나 바닷가에 가면 맘껏 소리 질러 주위를 깨웠다. 그러면 가슴이 탁 트이고 맑은 공기가 폐부 깊숙이 채워졌다. 사람은 없어도 나무나 바람도 있고 새들과 바다, 하늘도 가만히 잘 들어주었다.

코인 노래방에서는 누구의 간섭이 없는 대신 들어주는 사람도 없다. 아프다고, 울고 싶다고 해도 아무 대답이 없는 것처럼, 혼자 말하고 있는 외톨이 같은 기분이다. 하지만 오랜만에 가슴에 먼지처럼 쌓여 있던 질펀한 말들을 쏟아내었다. 혼자 마시는 술이 채우는 것이라면 혼자 부르는 노래는 비우는 것 같다. 이 도시 어디에서 이렇게 마음 놓고 소리칠 수 있을까. 코인 노래방 간판이 자주 눈에 띄는 이유를 알겠다.

노래책을 뒤적이며 천 원 지폐 한 장을 만지작거리다 그냥 나온다. 혼자서도 잘 논다.